▶《企业如何应对海关行政处罚》姊妹篇

企业如何
应对海关审价

◎赵国华 著

QIYE RUHE YINGDUI
HAIGUAN SHENJIA

知识产权出版社
全国百佳图书出版单位

责任编辑：彭小华　　　　　　责任校对：董志英
执行编辑：俞　楠　　　　　　责任出版：卢运霞

图书在版编目（CIP）数据

企业如何应对海关审价／赵国华著 . —北京：知识产权出版社，
2012.4
ISBN 978－7－5130－1203－4

Ⅰ.①企…　Ⅱ.①赵…　Ⅲ.①审价－基本知识　Ⅳ.①F726.2

中国版本图书馆 CIP 数据核字（2012）第 057515 号

企业如何应对海关审价

赵国华　著

出版发行：知识产权出版社

社　　址：北京市海淀区马甸南村 1 号　　　邮　编：100088

网　　址：http：//www.ipph.cn　　　　　邮　箱：bjb@cnipr.com

发行电话：010－82000860 转 8101/8102　　传　真：010－82005070/82000893

责编电话：010－82000860 转 8367　　　　责编邮箱：pengxiaohua@cnipr.com

印　　刷：保定市中画美凯印刷有限公司　　经　销：新华书店及相关销售网点

开　　本：787mm×1092mm　1/16　　　印　张：14.25

版　　次：2012 年 9 月第一版　　　　　　印　次：2012 年 9 月第一次印刷

字　　数：167 千字　　　　　　　　　　定　价：39.00 元

ISBN 978－7－5130－1203－4/F·518（4077）

前　言

　　拙著《企业如何应对海关行政处罚》出版以后，笔者陆续接到很多读者的电话、邮件和当面咨询，就他们的货物在进出口通关过程中遇到的海关估价问题提出了很多疑问，这些疑问很多涉及海关估价中的公式定价、转移定价、特许权使用费、滞期费等有一定难度且比较专业的层面，往往很难用一两句话说清楚。

　　最近一段时期我整理了一下近年来代理过的海关估价争议案件的有关资料，翻出了给法律顾问单位讲授有关估价问题的讲课稿，并结合海关立法的最新变化和相关案例，对上述材料进行了详尽梳理、归纳，终于将这本薄薄的小册子献给大家，作为上本书的姊妹篇。

　　写这样一本书的目的并不是怂恿大家在估价问题上与海关作对，去做"得理不饶人，无理搅三分"的事。海关作为象征国家主权的行政机关值得尊敬，海关的工作作风扎实，口碑也不错。但在学术角度，大家都是平等的，每个话题都是开放的，大家都可以畅所欲言。笔者对一些问题的理解可能有所偏差，但也算一家之言，如果一个问题能在批评和争论中得到解决和明确，也算达到了作者写这本书的目的。

　　全书共分十五章，每章都坚持有话则长无话则短的原则，因此各章长短不一。好在这种专业性的书和诗歌散文不一样，辞藻是否华丽、结构是否美观、是否骈四俪六都不重要，深入浅出让读者看明白足矣。

　　经过了多日的辛苦努力，这本书终于要和大家见面了，读者们会有什么评价？赞赏、质疑、批评抑或不屑？都是我所期待的。

目　录

第 一 章

中国海关估价立法的变化

一、新中国海关估价历史演变

新中国的海关估价立法走过了一段艰难曲折的路程，在经历了长时间的特立独行闭门造车之后，由于外力的推动，估价立法才渐行渐近，逐步与国际接轨。

（一）第一阶段：新中国成立后至改革开放初期（1951～1987）

这个阶段估价立法主要的代表是 1951 年颁布的《中华人民共和国暂行海关法》、《中华人民共和国海关进出口税则》以及《中华人民共和国进出口税则暂行实施条例》。此阶段海关对价格的基本要求是："从价缴纳进口税的货物应以到岸价格作为完税价格。所称到岸价格，系指货物在采购地的正常批发价格、出口税、运抵我国输入地点的包装费、运费、保险费、手续费等一切费用，经海关审查确定者。""如进口货物在采购地之正常批发价格海关未能确定时，其完税价格应以申报进口时国内输入地点的平均批发市价减去进口费用及营业费用作为计算依据"。

上述规定中一个令人侧目的地方是"出口税"，规定了货物在国外缴纳的出口关税也是我国征税税基的一部分。

（二）第二阶段：改革开放后至"入世"前（1987～2002）

1987 年《中华人民共和国海关法》（以下简称《海关法》）颁布，明确规定了正常成交价格是海关确定完税价格的基础。1989 年颁布的《中华人民共和国海关审定进出口货物完税价格办法》进一步将"正常成交价格"解释为"海关审定的进出口货物的成交价格，应该是该项货物在公开市场上可以采购到的正常的价格"。

这个解释的核心词是"正常"。"正常"与否由海关来判断，与企业申报的价格无关。为确定企业申报的价格是否"正常"，海关建立了价格资料库，只要企业申报的价格低于资料库中该货物的最低价格，海关就认为"不正常"，予以估价，而不管这个资料库中资料的来源是否全面、可靠、及时、真实，也不管企业的每票交易有何具体特点，存在什么大环境和小环境。

（三）第三阶段："入世"初期（2002～2006）

2001 年 12 月，我国加入 WTO，处在风口浪尖之上的海关执法首先被迫调整。为履行"入世"承诺，2001 年海关总署颁布了《中华人民共和国海关审定进出口货物完税价格办法》（海关总署令第 95 号）（以下简称 95 号令），明确规定"进口货物的完税价格，由海关以该货物的成交价格为基础审查确定"。

然而，在实际执法中，"成交价格"依旧生活在"正常价格"巨大的阴影之下，海关无任何法定依据武断估价的情况屡屡出现。这期间笔者连续经手多起估价案件，海关的做法和企业的诉求几乎可以完全拷贝。

（四）第四阶段："入世"成熟期（2006 年至今）

以《中华人民共和国海关审定进出口货物完税价格办法》（海关总署令第 148 号）（以下简称《审价办法》）为标志。新《审价办法》大幅度地吸收了《WTO 估价协定》的有关内容，对"成交价格条件"、"对买方处置或者使用进口货物进行限制的情形"、"成交价格受到无法确定的条件或者因素影响的情形"、"协助费用的计算"、"利息费用"、"加工贸易监管区域/场所的估价"、"运费"、"相对人权利义务"、"质疑和磋商排除适用"等九个方面作了重大修订，最大幅度地与 WTO 规定接轨。至此，海关估价在立法层面上进入了成熟期。

二、新《审价办法》新在哪里

与 95 号令相比，《审价办法》主要的变化有：

（1）第 6 条，增加"成交价格不能确定的，海关经了解有关情况，并与纳税义务人进行价格磋商"的规定。

价格磋商在《中华人民共和国进出口关税条例》（以下简称《关税条例》）中已有规定，《审价办法》将其罗列进来，符合上位法的精神，完善了估价程序。

同时，该条删除了旧《审价办法》中企业在选择倒扣价格法和计算价格法的估价次序方面"海关同意"的前提，也就是说，一旦企业提出要求并附相关资料，海关无权拒绝。

（2）第 7 条，明确了成交价格的含义，即"卖方向中华人民共和国境内销售该货物时买方为进口该货物向卖方实付、应付的，并且按照本章第三节的规定调整后的价款总额，包括直接支付的价款和间接支付的价款"。

（3）第 9 条，新增条款，列举了几种视为对买方处置或者使用进口货物进行了限制的情况：进口货物只能用于展示或者免费赠送；进口货物只能销售给指定第三方；进口货物加工为成品后只能销售给卖方或者指定第三方等。

（4）第 10 条，新增条款，列举了应视为进口货物的价格受到了使该货物成交价格无法确定的条件或因素的影响的情形：进口货物的价格是以买方向卖方购买一定数量的其他货物为条件而确定的；进口货物的价格是以买方向卖方销售其他货物为条件而确定的等。

（5）第 11 条第 1 款第（2）项在列举由买方以免费或者低于成本的方式提供，并可以按适当比例分摊的货物或者服务的价值种类时增加了限制条件——"与进口货物的生产和向中华人民共和国境内销售有关的"。这种限制是合理的。

（6）第 11 条第 1 款第（3）项特别规定了特许权使用费不纳入完税价格的条件：特许使用费与该货物无关；特许权使用费用的支付不构成该货物向中华人民共和国境内销售的条件。

（7）第 12 条，新增条款，规定了依照第 11 条第 1 款第（2）项确定应当计入进口货物完税价格的货物价值时，计算有关费用的方法：由买方从与其无特殊关系的第三方购买的，应当计入的价值为购入价格；由买方自行生产或者从有特殊关系的第三方获得的，应当计入的价值为生产成本；由买方租赁获得的，应当计入的价值为买方承担的租赁成本；生产进口货物过程中使用的工具、模具和类似货物的价值，应当包括其工程设计、技术研发、工艺及制图等费用。如果货物在被提供给卖方前已经被买方使用过，应当计入的价值为根据国内公认的会计原则对其进行折旧后的价值。

（8）第 13 条、第 14 条，新增条款。列举了特许权使用费被视为与进口货物有关的几种情况和被视为特许权使用费的支付构成进口货物向我国境内销售的条件的情况。这两条主要内容基本照抄了《中华人民共和国海关关于进口货物特许权使用费估价办法》的规定。

（9）第 15 条，特别指明"保修费用"不得排除在完税价格之外。同时，规定了利息费不计入完税价格的条件：单独列明；因购买进口货物而融资产生；有书面融资协议；利率不高于通常利率水平，且价格与非融资进口货物价格相近。

（10）第 24 条，详细说明了什么叫计算价格估价方法。

（11）第 25 条，详细说明了什么叫合理方法。

（12）第 28 条、第 29 条，根据海关总署 2005 年第 33 号公告进行了修改。

（13）第 31 条，增加了对超过海关规定期限的出境修理货物的估价处理。

（14）第 32 条，增加了对超过海关规定期限运往境外加工货物的估价处理。

（15）第 35 条，规定了减免税进口货物补税时时间的计算方法。

（16）第 36 条，对易货贸易、寄售、捐赠、赠送等不存在成交价格的货物，增加了海关在确定完税价格时价格磋商的要求。

（17）第 37 条，新增条款，照抄了海关总署 2003 年第 6 号公告。

（18）第 44 条，特别规定"在货物价款中单独列明的货物运至中华人民共和国境内输出地点装载后的运输及其相关费用、保险费"不计入出口货物的完税价格。

（19）第 47 条，增加了海关的价格核查权。

（20）第 48 条，规定了海关制发《中华人民共和国海关价格质疑通知书》（以下简称《价格质疑通知书》）的条件，并将当事人答复的时间由原来的 15 日改为自收到《价格质疑通知书》之日起 5 个工作日内。

（21）第50条，新增条款，规定了海关对进口货物无成交价格时可不经过价格质疑径行磋商。

（22）第51条，新增条款，规定了纳税义务人在价格磋商中的义务。

（23）第55条，明确了《中华人民共和国海关估价告知书》（以下简称《估价告知书》）的法定格式和性质。

（24）第56条，明确了完税价格、买方、卖方、间接支付、向中华人民共和国境内销售、大约同时、特许权使用费、价格核查、价格磋商等用语的定义。

三、国内外估价立法异同比较

WTO 估价协定

第一条 进口货物的完税价格应为成交价格，即为该货物出口销售至进口国时依照第8条的规定进行调整后的实付或应付的价格，只要：

（a）不对买方处置或使用该货物设置限制，但下列限制除外：

（i）进口国法律或政府主管机关强制执行或要求的限制；

（ii）对该货物转售地域的限制；或

（iii）对货物价格无实质影响的限制。

（b）销售或价格不受某些使被估价货物的价值无法确定的条件或因素的影响。

（c）卖方不得直接或间接得到买方随后对该货物转售、处置

或使用后的任何收入，除非能够依照第 8 条的规定进行适当调整；以及

（d）买方和卖方无特殊关系，或在买方和卖方有特殊关系的情况下，根据第 2 款的规定为完税目的的成交价格是可接受的。

中华人民共和国进出口关税条例

第十八条　进口货物的完税价格由海关以符合本条第 3 款所列条件的成交价格以及该货物运抵中华人民共和国境内输入地点起卸前的运输及其相关费用、保险费为基础审查确定。

进口货物的成交价格，是指卖方向中华人民共和国境内销售该货物时买方为进口该货物向卖方实付、应付的，并按照本条例第十九条、第二十条规定调整后的价款总额，包括直接支付的价款和间接支付的价款。

进口货物的成交价格应当符合下列条件：

（一）对买方处置或者使用该货物不予限制，但法律、行政法规规定实施的限制、对货物转售地域的限制和对货物价格无实质性影响的限制除外；

（二）该货物的成交价格没有因搭售或者其他因素的影响而无法确定；

（三）卖方不得从买方直接或者间接获得因该货物进口后转售、处置或者使用而产生的任何收益，或者虽有收益但能够按照本条例第十九条、第二十条的规定进行调整；

（四）买卖双方没有特殊关系，或者虽有特殊关系但未对成交价格产生影响。

审价办法

第七条　进口货物的成交价格，是指卖方向中华人民共和国境内销售该货物时买方为进口该货物向卖方实付、应付的，并且按照本章第三节的规定调整后的价款总额，包括直接支付的价款和间接支付的价款。

第八条　进口货物的成交价格应当符合下列条件：

（一）对买方处置或者使用进口货物不予限制，但是法律、行政法规规定实施的限制、对货物销售地域的限制和对货物价格无实质性影响的限制除外；

（二）进口货物的价格不得受到使该货物成交价格无法确定的条件或者因素的影响；

（三）卖方不得直接或者间接获得因买方销售、处置或者使用进口货物而产生的任何收益，或者虽然有收益但是能够按照本办法第十一条第一款第（四）项的规定做出调整；

（四）买卖双方之间没有特殊关系，或者虽然有特殊关系但是按照本办法第十七条的规定未对成交价格产生影响。

澳大利亚海关关税条例

第 161 条　成交价格

（1）进口货物的成交价格是进口销售交易的调整价格和与成本有关的价格之和，该成本仅限于在决定被估货物价格时没有被计入的成本。

（2）在本条中：

与进口货物有关的调整价格是指：估价人员根据本条下列各款从进口货物价格中进行扣除以后的货物价格：

（a）与被估货物有关的可以扣减的财务成本。

（b）估价人员审定的下列成本：

（i）与进口货物有关的基建、安装、装配、维修或技术服务的费用；

（ii）进口至澳大利亚之后发生的费用；和

（iii）为了使被估货物根据合同要求达到能精确计数而发生的成本；

（c）与被估货物有关的澳大利亚内陆运输成本及保险费用；

（d）与被估货物有关的可予以扣除的管理费用；

（e）与被估货物有关的国际海运费及保险费。

欧盟海关法

第 29 条 进口货物的完税价格应为成交价格，即根据第 32 条和第 33 条调整以后的，为了向欧盟境内出口销售的实付或应付价格，且：

（a）买方对进口货物的处置或使用不受限制，但不包括以下限制：

——欧盟法律、行政法规规定的限制，

——对货物转售地域的限制，或者

——对货物价格无实质影响的限制；

（b）销售或价格不得受到使该货物成交价格无法确定的条件或因素的影响；

（c）卖方不得直接或间接获得因买方转售、处置或使用进口货物而产生的任何收益，除非能够按照第 32 条的规定作出调整；

(d) 买卖双方之间没有特殊关系，或在买卖双方之间有特殊关系的情况下，根据本条第 2 款的规定审核后，认定其成交价格可以接受。

印度海关审价办法

第 4 条　成交价格

(1) 进口货物的成交价格应为根据本办法第 9 条调整以后的，向印度出口销售的实付或应付价格。

(2) 符合下列条件的进口货物的成交价格应予以接受：

(a) 在充分竞争条件下，根据通常的贸易流程确定的销售。

(b) 与通常的竞争价格相比，销售并没有发生异常的折扣或减价。

(c) 销售中不存在仅针对独家经销商的特殊折扣。

(d) 根据第 9 条的规定，对成交价格的调整存在客观可量化的数据。

(e) 买方对进口货物的处置或使用不受限制，但不包括以下限制：

(i) 印度法律、行政法规规定的限制；或者

(ii) 对货物转售地域的限制；或者

(iii) 对货物价格无实质影响的限制。

(f) 销售或价格不得受到使该货物成交价格无法确定的条件或因素的影响。

(g) 卖方不得直接或间接获得因买方转售、处置或使用进口货物而产生的任何收益，除非能够按照本办法第 9 条的规定作出

调整。

（h）买卖双方之间没有特殊关系，或在买卖双方之间有特殊关系的情况下，根据本条第3款的规定审核后，认定其成交价格可以接受。

日本海关关税法

第4条　审定海关完税价格的原则

海关征税的基础是货物的价格（以下称为"完税价格"），除了本条第2段第一句所说的情况外，完税价格应为买方为了被估的进口货物，根据与被估的进口货物有关的交易，向卖方或者为了卖方的利益实付或应付的价格（不包括货物出口时，在出口国发生的出口关税或任何其他扣减或返还的费用），加上未包括在被估货物的实付或应付价格（以下称为"成交价格"）中的运输成本等下款列明的各项费用：

（1）被估货物运至进口港发生的运输、保险及其他费用（"运至进口港的运输费用等"参见下一条及第4-3条的第2段）。

（2）买方在被估的进口货物的交易中发生的下列佣金或费用。

（a）除购货佣金以外的佣金和经纪费。

（b）容器成本，只要该容器通常与被估的进口货物在类别和价值上视为一体。

（c）被估货物的包装成本。

（3）由买方直接或间接免费或以低于成本价方式提供，并用于被估的进口货物和进口交易的下列货物或服务的价值。

（a）被估的进口货物包含的材料、部件、零件和类似货物。

（b）在生产被估的进口货物过程中使用的工具、模具和类似货物。

（c）在生产被估的进口货物过程中消耗的材料。

（d）在一个复合订单中涉及的为生产该货物所需的工程设计、技术研发、工艺及制图等。

（4）在一个复合订单中涉及的，与被估的进口货物有关的，买方必须直接或间接，为使用商标、设计或商誉和类似权利而支付的成本（不包括在日本复制进口货物的权利）。

（5）卖方直接或间接从买方对被估的进口货物进口后转售、处置或使用所得中获得的收益。

韩国海关法

第30条（审定完税价格的原则）

1. 进口货物的完税价格应为成交价格，即当货物向韩国出口销售时，买方为了进口货物而实付或应付的价格，如果下列各款的价格可以客观量化，应加上下列各款的价格，如果下列各款的价格不能客观量化，则不能根据本条确定完税价格，而应根据第31条至第35条确定完税价格。

2. 本条第1段所说的"买方实付或应付的价格"是指买方为了进口货物而已付或应付的全部价格，也包括因买方为卖方承担义务所抵消的进口货物的价格，买方履行卖方的义务所发生的价格，及其他间接支付。

3. 在下列情况下，进口货物的完税价格不能根据本条第1段，而应根据第31条至第35条确定：

（1）除了总统令规定的情况外，买方对进口货物的处置或使用受到限制；

（2）货物的价格受到使该货物成交价格无法量化的条件或因素的影响；

（3）卖方直接或间接获得因买方转售、处置或使用进口货物而产生的任何收益，除非能够按照第1段的规定作出调整；以及

（4）买卖双方之间存在总统令规定的关联关系（以下称为"特殊关系"），且关联关系影响到成交价格。

马来西亚海关完税价格办法

第4条 最基本的估价方法——成交价格法

（1）进口货物的完税价格应为成交价格，即为该货物出口销售至马来西亚，并根据第5条调整以后的实付或应付价格，只要——

（a）买方对进口货物的处置或使用不受限制，但下列限制除外：

（i）法律规定的限制；

（ii）对货物转售地域的限制；

（iii）对货物价格无实质影响的限制。

（b）货物的价格不得受到使该货物成交价格无法确定的条件或因素的影响。

（c）卖方不得直接或间接获得因买方转售、处置或使用进口货物而产生的任何收益。

（d）在货物出口销售时买卖双方之间没有特殊关系，或在出口销售时买卖双方之间有特殊关系的情况下，海关关员审定他们之间的特殊关系未影响到货物的实付或应付价格。

美国法典

第 19 篇 1401a（b）（1）

进口货物的成交价格——

（1）进口货物的成交价格是货物出口销售至美国时的实付或应付的价格，加上下述金额——

（A）买方负担的进口货物的包装成本；

（B）买方负担的进口货物的所有卖方佣金；

（C）适当分摊的协助的价值；

（D）买方被要求支付的，直接或间接，作为进口货物出口到美国的销售的条件，与进口货物有关的特许权及许可费；

（E）卖方直接或间接得到买方随后对进口货物转售、处置或使用后的任何收入。

进口货物的实付或应付价格应加上（且仅限于）上款（A）至（E）项的金额并且有关金额（i）未包括在实付或应付价格中；且（ii）有充分的数据。如果没有前述金额充分的数据，不论什么原因，按本节规定的目的，不能接受进口货物的成交价格。

第 二 章

关于成交价格

《海关法》第 55 条规定："进出口货物的完税价格，由海关以该货物的成交价格为基础审查确定。"其下位法《关税条例》和下下位法《审价办法》都作了同样规定。以成交价格为基础确定完税价格是《WTO 估价协定》中的基本规定，是我国作为"入世"条件的基本承诺，因此也是目前我国海关估价采用频率最高、使用最广的估价方法。成交价格是整个海关估价体系中最核心的概念，弄懂了这个概念，海关估价的其他疑难问题就迎刃而解。这里我们用一章的篇幅叙述这一概念。

一、成交价格的概念

进口货物的成交价格，是指卖方向中华人民共和国境内销售该货物时买方为进口该货物向卖方实付、应付的，并且按照成交价格调整项目的规定调整后的价款总额，包括直接支付的价款和间接支付的价款。

这个名词解释不是作者的臆想编撰，而是《审价办法》给出的定义。这个定义暗含一个重要的内容：成交价格以双方交易的价格为核心，而不是以价值为核心。价格的意思是这个货物买方支付了多少钱，而"价值"的意思是这个货物值多少钱。如果在一个交易中买方支付了一个看似"奇怪"的价格，这个价格明显高于或低于货物本身的"价值"，但只要买卖双方自愿，交易公平，不存在欺诈、胁迫等行为，海关就应该认可，并以此为基础确定完税价格。这个概念体现的"公平"是指交易行为程序上的公平，而不是交易结果的公平。也就是说：确定某个交易的价格的决定权在交易双方，而不是作为行政机关的海关。

这里需要特别说明一个容易让人误解的问题：倾销。

倾销是指卖方为占领进口国市场、促销产品、打击竞争对手、扩大知名度、实施销售计划，故意以低于货物价值的价格向进口国出售货物。

在以往的几十年中，中国一直被认为是倾销的"实施国"（是否符合事实暂不讨论），许多国家尤其是西方国家多次就中国出口的商品实施反倾销调查，并出具倾销裁定，征收高额反倾销税。2001 年，中国因为"入世"的原因，制定了《中华人民共和国反倾销条例》（以下简称《反倾销条例》），并且在实际进出口监管中也偶有实施，如对日本、韩国的冷轧钢板，加拿大的新闻纸等进行反倾销调查，案例数量不多，与被调查次数相比简直不成比例。

倾销的做法是违反一个国家国内法的，但倾销价格仍然是合法的，应该被海关接受。倾销价格符合海关关于成交价格的定义，不构成估价的法定理由。打击倾销行为的主管部门是商务部，依据是《反倾销条例》，采取的是相应的法定调查、惩罚措施，海关与此无关。当然，海关强行估价能够制止倾销行为，但这种手段违法。《WTO 估价协定》在概述部分指出："估价程序不应用于反倾销。"

二、世贸组织内部关于海关审价的博弈和妥协

在"入世"以前，我国在确定完税价格的时候长期采用"正常价格"的方式，也就是以上述货物单的"价值"为核心。如果企业申报的价格偏离价值，无论交易双方是否真实成交，海关均

可以不予接受。

入世后，成交价格的影响是巨大的，对习惯了手握决定价格正常与否大权的海关的冲击也是震撼的，这造成了2002～2005年期间海关审价处理的相对杂乱状态：同样的货物、同样的进出口商、同样的时间，在不同的口岸审价结果迥异；各海关就审价处理向海关总署请示的文件激增；因估价导致的行政复议和行政诉讼激增。

这种冲击并不单单在中国入世时产生，几乎所有的经济不发达国家在入世之初都会面临这样的困扰：海关怀疑企业申报的价格不真实，但没有证据，海关如果一概接受会助长价格瞒骗的趋势，使国家蒙受税收损失，并间接影响整个国际贸易秩序，影响WTO的健康发展。不发达国家的意见与发达国家的意见相左，经过多国家多场合多轮次或明或暗的交锋、博弈，结果是妥协的产物：WTO以《部长决议6.1》的形式确定了"估价质疑程序"，这一程序授权海关可以在完全缺乏证据的前提下，对进口商申报的价格进行质疑。

但这一程序至少在我国国内尚存在难以逾越的障碍，正如上文曾指出的那样：如果交易双方没有特殊关系，企业提交的各种资料本身无矛盾，相互协调，互证真实，那么即使企业对海关的质疑置之不理，海关也需举出有力的证据来证实企业申报价格不符合成交价格的条件。这个原则主要体现在我国行政诉讼相关法律法规中，而行政诉讼作为监督具体行政行为合法性的主要手段，它的规定对行政机关前期的执法有着决定性的引导作用。

三、销售

成交价格依附于交易的货物，交易的货物依附于进出口商的买卖，也就是销售。没有销售，就不可能有什么成交价格。那么，什么是销售？

由于各国对销售有着不同的理解和界定，《WTO 估价协定》也无法对销售达成一个统一的概念。作为妥协，《WTO 估价协定》只是列举了一些不是销售的交易行为，包括：（1）免费赠送的货物，（2）寄售的进口货物，（3）调拨的进口货物，（4）由非独立法人的代表处进口的货物，（5）经营租赁进口货物，（6）出借的进口货物，（7）为在进口国销毁而进口并由卖方支付进口商劳务费的货物。例如，以捐赠、赠送方式进口的货物，免费提供的货样、广告品、礼品等，货物的所有权虽然发生转移，但受赠方是无偿取得货物，并不支付价款，因而不存在买卖关系，也就不存在成交价格。寄售进口货物，境外卖方把货物运交给国内的代理人，委托代理人代销，货物卖出去以后，代理人扣除应得的佣金后把剩下的货款交给委托人，所以寄售进口货物在进口时所有权不发生转移，不存在买卖关系，同样不存在成交价格。而租赁进口的货物在进口时不发生货物所有权的转移，承租人支付的不是价款，而是租金，不存在买卖关系，也就不存在成交价格。在上述七种情况下，分别是存在了所有权没有发生转移、买方没有支付对价，而导致销售行为不成立。

世界各国在界定"销售"的概念时做法不一。以美国为例，销售这一概念在美国海关估价中全称为：出口目的地为美国的销售（Sale for Exportation to the United States）。销售在美国海关估价中实际上涉及两个方面的问题：（1）待估价商品是否经历了以美国为出口目的地的销售过程？销售在何时发生？（2）在某些场合，美国海关还需要进一步判断，待估价商品在一些关键阶段是否"明确无误注定以美国为出口目的地"（clearly destined for export to the United States）？美国海关强调，欲适用成交价格法估价，"出口目的地为美国的销售"必须发生在商品出口至美国前的某一个不特定时间，也就是说，在出口目的地为美国的销售中，商品所有权并不一定要在该商品进口之前就转移到美国买方手中。

美国海关在估价实践中还引入了"善意销售"（Bona Fide Sale）的概念：尽管买卖双方签订有销售合同，两者之间存在法律意义上的销售关系，但如果这种销售不是海关估价意义上的"善意销售"，他们之间的交易价格仍然不能作为确定出口至美国的商品的成交价格的基础。

我国现有法律也没有对销售明确定义。根据《中华人民共和国合同法》（以下简称《合同法》）的规定，买卖合同是"出卖人转移标的物的所有权于买受人，买受人支付价款的合同"。因此可以推断，销售是指：（1）货物所有权发生转移。（2）买方支付对价。（3）根据《联合国国际货物销售合同公约》的规定，还应该有另外一个要求，即货物风险的转移，包括货物灭失的风险和货物损益的风险。如果一项交易不能导致前述三个条件同时发生，则销售不存在，因此也就不能使用成交价格方法估价，而应采用其他方法估价。

四、从会计角度看成交价格的构成

从会计角度衡量成交价格，主要包括实付价格和应付价格，两者在会计记账时会有不同的处理。实付价格是指买方为购买货物实际向卖方支付的价格；应付价格指买方为购买货物应当向卖方支付而未支付的价格。符合审价规定的实付价格＋符合审价规定的应付价格＝海关作为完税价格的成交价格。之所以要有个"符合审价规定"的限定，是因为无论实付价格还是应付价格，都需要依照《审价办法》的规定进行调整。

《WTO 估价协定》在总注释中指出，第 1 条规定必须与第 8 条规定共同理解。第 8 条规定，若干应视为海关估价组成部分的专项费用，如果由买方支付但未包括在进口货物实付或应付价格中，应对实付或应付价格进行调整。也就是说，"实付或应付价格"只有在已包括第 8 条所列各项费用的情况下，才能确定为进口货物的成交价格，如果价格中没有列明此类费用，必须进行适当调整。

《海关法》第 55 条规定，进出口货物的完税价格，由海关以该货物的成交价格为基础审查确定。出口货物的完税价格包括货物的货价、货物运至中华人民共和国境内输出地点装载前的运输及其相关费用、保险费，但是其中包含的出口关税税额，应当予以扣除。它概述了完税价格的定义和应组成部分。由此可知：在"成交价格"的基础上应考虑相关的调整因素，不仅有加项，还有减项。

《审价办法》第 11 条对价格调增项目有明确规定：

审价办法

第十一条 以成交价格为基础审查确定进口货物的完税价格时，未包括在该货物实付、应付价格中的下列费用或者价值应当计入完税价格：

（一）由买方负担的下列费用：

1. 除购货佣金以外的佣金和经纪费；

2. 与该货物视为一体的容器费用；

3. 包装材料费用和包装劳务费用。

（二）与进口货物的生产和向中华人民共和国境内销售有关的，由买方以免费或者以低于成本的方式提供，并可以按适当比例分摊的下列货物或者服务的价值：

1. 进口货物包含的材料、部件、零件和类似货物；

2. 在生产进口货物过程中使用的工具、模具和类似货物；

3. 在生产进口货物过程中消耗的材料；

4. 在境外进行的为生产进口货物所需的工程设计、技术研发、工艺及制图等相关服务。

（三）买方需向卖方或者有关方直接或者间接支付的特许权使用费，但是符合下列情形之一的除外：

1. 特许权使用费与该货物无关；

2. 特许权使用费的支付不构成该货物向中华人民共和国境内销售的条件。

（四）卖方直接或者间接从买方对该货物进口后销售、处置或者使用所得中获得的收益。

......

　　价格调减项目指即使买方因为购买进口货物而向卖方支付了货款，但可不计入成交价格的部分。《审价办法》的相关规定是：

审价办法

　　第十五条　进口货物的价款中单独列明的下列税收、费用，不计入该货物的完税价格：

　　（一）厂房、机械或者设备等货物进口后发生的建设、安装、装配、维修或者技术援助费用，但是保修费用除外；

　　（二）进口货物运抵中华人民共和国境内输入地点起卸后发生的运输及其相关费用、保险费；

　　（三）进口关税、进口环节海关代征税及其他国内税；

　　（四）为在境内复制进口货物而支付的费用；

　　（五）境内外技术培训及境外考察费用。

　　同时符合下列条件的利息费用不计入完税价格：

　　（一）利息费用是买方为购买进口货物而融资所产生的；

　　（二）有书面的融资协议的；

　　（三）利息费用单独列明的；

　　（四）纳税义务人可以证明有关利率不高于在融资当时当地此类交易通常应当具有的利率水平，且没有融资安排的相同或者类似进口货物的价格与进口货物的实付、应付价格非常接近的。

　　关于成交价格构成的条件，《审价办法》规定：

审价办法

　　第八条　进口货物的成交价格应当符合下列条件：

（一）对买方处置或者使用进口货物不予限制，但是法律、行政法规规定实施的限制、对货物销售地域的限制和对货物价格无实质性影响的限制除外；

（二）进口货物的价格不得受到使该货物成交价格无法确定的条件或者因素的影响；

（三）卖方不得直接或者间接获得因买方销售、处置或者使用进口货物而产生的任何收益，或者虽然有收益但是能够按照本办法第十一条第一款第（四）项的规定做出调整；

（四）买卖双方之间没有特殊关系，或者虽然有特殊关系但是按照本办法第十七条的规定未对成交价格产生影响。

关于这四个条件，本书将专章以案例方式详细说明，此处不再赘述。

第 ㊂ 章

海关审价的两个发展重点——
价格核查和预审价

在本章开始之前先解释一个问题：细心的读者可能已经注意到，本章使用了"海关审价"这一概念。本书通篇不是在讲"估价"吗？为什么又出来个"审价"的概念？这里有必要简单说明一下。

海关审价是指海关依法审查确定进出口货物完税价格的过程。估价是指海关依法使用估价的方式确定进出口货物完税价格的行为。

海关审价指的是一个过程。在这一过程中，海关对申报的完税价格是否符合相关法律和法规的规定进行详查和核实。在实际工作中，这个过程可能包括单证审核、贸易过程审查、质疑、磋商估价等步骤。海关估价指的是一个动作，是海关确定进出口货物完税价格的一种方法。

海关审价可能产生的结果有接受企业申报价格、对申报价格进行调整、实施海关估价等。而海关估价只可能产生一个结果，由海关使用相关的估价方法估定进出口货物的完税价格。由此可以看出，海关审价的含义要大于海关估价，海关估价只是海关审价的一个非必经的环节。

但海关估价又依赖于审价，没有审价，就不可能有估价。不研究审价，就不可能真正弄懂估价：海关审了那么多票货物的价格，为什么偏偏挑出你这票货物来进行估价？你这票货物哪里跟别人不一样了？

一、价格核查

价格核查的法律授权来自《审价办法》第 47 条，该法条规定：

审价办法

第四十七条 海关为审查申报价格的真实性、准确性，可以行使下列职权进行价格核查：

（一）查阅、复制与进出口货物有关的合同、发票、账册、结付汇凭证、单据、业务函电、录音录像制品和其他反映买卖双方关系及交易活动的商业单证、书面资料和电子数据；

（二）向进出口货物的纳税义务人及与其有资金往来或者有其他业务往来的公民、法人或者其他组织调查与进出口货物价格有关的问题；

（三）对进出口货物进行查验或者提取货样进行检验或者化验；

（四）进入纳税义务人的生产经营场所、货物存放场所，检查与进出口活动有关的货物和生产经营情况；

（五）经直属海关关长或者其授权的隶属海关关长批准，凭《中华人民共和国海关账户查询通知书》（见附件1）及有关海关工作人员的工作证件，可以查询纳税义务人在银行或者其他金融机构开立的单位账户的资金往来情况，并向银行业监督管理机构通报有关情况；

（六）向税务部门查询了解与进出口货物有关的缴纳国内税情况。

海关在行使前款规定的各项职权时，纳税义务人及有关公民、法人或者其他组织应当如实反映情况，提供有关书面资料和电子数据，不得拒绝、拖延和隐瞒。

价格核查是一个相对新的概念，是从西方发达国家海关舶来的，因为通关效率所迫，应运而生。

价格核查基本的含义就是海关对企业申报的价格有怀疑，又苦于无正当理由，海关公开承诺的通关时间马上就到，于是要求企业交保放行，事后海关集中人员和精力去核查这个价格的真实与否。从这个角度看价格核查有点像海关稽查，只不过稽查有着更高级别法规的授权，海关的权利义务更明确，稽查结束后海关会给企业出具一份《稽查结论》。价格核查仅仅来自《审价办法》这样一个部门规章的授权，规定比较原则，海关具体的操作程序不明，海关、企业各自的权利和义务边界不明，价格核查结束后也不会对企业出具任何法律文书，只是有个内部的《价格核查报告》。

价格核查还有一个深层次的意义，就是对某企业、某商品、某行业价格情况进行调研，这种调研有两种可能的结果：一是发现某商品实际的真实价格高于海关参考价格，经过审批，海关修正内部价格参数，对正以此做依据进行估价的案件撤案放行；二是发现某商品有行业性低报价格现象，于是经过审批，将线索交海关缉私部门，海关缉私部门经过情报经营，在全国范围内进行针对某一行业的专项行动。这两种可能结果在以前的价格核查中曾多次出现。

海关的价格核查目前还处于起步阶段，存在种种困难，如法律依据层级太低，如果企业拒不配合海关也没有什么特别有效的惩罚措施。此外，价格核查所依赖的信息沟通机制还没有建立起来，不仅海关与其他有关部门如外汇局、税务局等没有建立信息共享平台和协调机制，甚至在海关系统内部也没有有效的信息沟通机制，各海关基本上还处于各自为战的状态。

对进出口企业来讲,海关的价格核查既是挑战(很多企业不知道怎么去应对),也是机遇。之所以说是机遇,是因为目前这个特殊阶段,海关开展价格核查具备相应能力的关员不够、发现问题的技巧不足,经常事倍功半。有的海关在开展价格核查时选择了一些 AA 类企业或者专业性公司协助,也有的与行业协会合作,这种关企合作得到上级部门的认可,以后应该应用得比较普遍。对于那些比较有实力的企业而言,应利用这个机会和海关密切合作,把自己的贸易实际情况和经营理念灌输给核查人员,这样的合作不仅有利于企业以后很长时间的通关效率和效益,甚至在个别场合和时候变相享有某产品价格正常与否的判断权。对于那些实力稍弱的企业,可以依赖于行业协会,通过这个中间组织在价格核查上与海关合作,最大限度地维护自己的利益。

二、预审价

(一)概念

预审价是指对符合预审价条件的企业,在进出口货物实际申报前,根据进出口企业的申请,由海关依法审定进出口货物的完税价格,提出审价意见,并在实际通关环节按预先确定的完税价格验放货物和计征税款的一项制度。

(二)依据

说到预审价的法律依据,有点捉襟见肘。最直接的依据是《中华人民共和国海关进出口货物征税管理办法》(海关总署令第

124 号）（以下简称 124 号令）第 10 条："纳税义务人在货物实际进出口前，可以按照有关规定向海关申请对进出口货物进行商品预归类、价格预审核或者原产地预确定。海关审核确定后，应当书面通知纳税义务人，并在货物实际进出口时予以认可。"

在立法上比 124 号令高一个级别的《关税条例》没有这方面的规定。比 124 号令高两个级别的《海关法》也没有直接规定预审价。不过有人提出：《海关法》第 43 条规定的"海关可以根据对外贸易经营者提出的书面申请，对拟作进口或者出口的货物预先作出商品归类等行政裁定。"中的"等"就是指预审价。笔者对此说法将信将疑，但不敢直接反驳。

（三）目的

预审价制度的设置有两个目的：一是加速通关。在正常审价模式下，过长的操作时间让很多企业遭受额外经济损失，有货物滞港方面的，也有为了早通关缴纳保证金方面的。海关也意识到审价在整个通关环节的瓶颈问题，于是提出审价的前推后移设想。二是方便进出口商确定成本。对于进出口商而言，货物的完税价格越早确定，税款就能越早明确，成本就能够早一天估算出来，便于进出口商及早对贸易作出安排，加快资金流转，便利贸易。

（四）现状

虽然 124 号令中规定了预审价制度，但在海关实际的通关监管中预审价还没有真正完全实施，只是在前几年在个别海关进行试点，效果一般，企业申请预审价的寥寥无几。由于企业不买账，预审价在全国海关普遍推广的速度受到影响，目前海关具体的操作办法还在内部征求意见的过程中。

（五）他国

预审价在国际上并没有一个统一的标准章程惯例，不过在大部分经济发达国家和一些经济发展一般的国家都有施行。以美国为例，在美国预审价被称作"Valuation Advance Ruling"，实施这一制度主要的目的有三：一是便于使企业及早明确税赋要求，预知经营成本并进行可行性成本核算，提高贸易便利性和企业竞争力；二是前推海关价格审核时域，有效避免因审价紧迫性而造成技术运用上的偏差，提高通关效率，节约行政管理成本；三是鼓励企业守法便利，减少企业投诉和上诉。由上述目的可知，预审价不是针对企业的强制性规定，而是供企业自行选择的一项便利性措施。企业有选择是否提出海关预审价申请的权利，并均可以在海关作出最终预裁定意见前撤回预审价申请，海关依据企业提出的申请作出价格预裁定，但前提是企业所提供信息的真实性、准确性和完整性必须被海关认可。海关作出的裁定不对具体商品的具体价格开展认定，而仅提供估价方法适用、相关费用项是否调整为应税项、是否存在可加减的成交价格项等原则性海关审价意见。

海关预审价裁定一旦做出，就永久有效，且具有普遍适用的意义，不仅其他企业可以适用，其效力甚至可以延伸至美国与其他国家的双边贸易协定，这也符合美国这种经济、政治、军事大国的一贯作风。

（六）尴尬

预审价"看上去很美"，但在实际操作上海关不热心，企业不买账。之所以出现这样尴尬的局面，有着其客观的原因。

企业的意见是：海关对预审价设置了太多的条条框框，如企业每年向海关递交一次预审价年度资格申请书和相关材料，不允许有些类型企业申请，不允许有的商品申请，非常短的申请时限等，好容易出来个《预审价意见书》，其效力不但跟美国的永久有效不同，甚至还不如预归类决定书那样具有一年有效期，而是一次性有效。这么密集的门槛使得预审价成为一个切切实实的鸡肋：食之无味，弃之可惜。

海关的担忧是：（1）预审价法律授权级别太低，太简单，和预归类制度相比一个天上一个地下。法律效力打了折扣，一旦发生诉讼，海关如何有效应对？（2）《预审价意见书》是什么性质的文件？是具体行政行为还是抽象行政行为？是否可诉？（3）一旦海关作出预审价决定，如果在企业实际通关过程中海关发现预审价有疏漏，海关是否再次审价？（4）预审价由海关的审单中心办理，企业实际通关过程中的审价由现场部门办理，一旦企业申请了预审价，现场部门还有没有必要履行监督责任？（5）如果有的企业借口预审价，探听海关对某商品价格的态度，以决定自己下一步走私的策略，海关如何应对？（6）海关预审价在全国没有联网，如何解决同商品同时间不同口岸不同预审价问题？如何解决货往低处走问题？

（七）前景

虽然遭遇诸多尴尬，但预审价最终的全面实施是必然的。最终的版本不会和国际同轨，肯定会体现出中国特色来。限制肯定要有，但与现在的门槛相比肯定会减少一些。尤其是对那些大型的、正规的、在通关领域有着良好口碑的企业，预审价将在很大程度上体现出便利性来。

第 ④ 章

五种估价方法评点

《审价办法》规定了五种估价方法，分别是：成交价格法、相同或类似价格法、倒扣价格法、计算价格法、合理价格法。同一估价案件，同一进出口商，同一批货物，使用不同的方法估价会有不同的结果，对当事人的经济利益有着直接切实的影响。所以，进出口企业在海关估价不可避免的情况下，应该退而求其次，及时建议海关选择对企业影响最小、税额相对较低的估价方法。

当然，在建议之前企业首先应该知道：对于涉案货物而言，用哪种计算方法税额最低？

一、五种估价方法各自含义

根据《审价办法》的规定，相同货物成交价格估价方法，是指海关以与进口货物同时或者大约同时向中华人民共和国境内销售的相同货物的成交价格为基础，审查确定进口货物的完税价格的估价方法。

类似货物成交价格估价方法，是指海关以与进口货物同时或者大约同时向中华人民共和国境内销售的类似货物的成交价格为基础，审查确定进口货物的完税价格的估价方法。

倒扣价格估价方法，是指海关以进口货物、相同或者类似进口货物在境内的销售价格为基础，扣除境内发生的有关费用后，审查确定进口货物完税价格的估价方法。

计算价格估价方法，是指海关以下列各项的总和为基础，审查确定进口货物完税价格的估价方法：（1）生产该货物所使用的料件成本和加工费用；（2）向境内销售同等级或者同种类货物通常的利润和一般费用（包括直接费用和间接费用）；（3）该货物运抵境内输入地点起卸前的运输及相关费用、保险费。

合理方法，是指当海关不能根据成交价格估价方法、相同货物成交价格估价方法、类似货物成交价格估价方法、倒扣价格估价方法和计算价格估价方法确定完税价格时，海关根据《审价办法》第2条规定的原则，以客观量化的数据资料为基础审查确定进口货物完税价格的估价方法。

二、不合理的"合理方法"

虽然《审价办法》规定了五种估价方法，但海关最乐于使用的依然是合理方法。海关之所以冷淡其他几种方法，主要是因为：

（1）关于相同或类似价格法。《审价办法》对相同、类似货物成交价格方法有严格而明确的规定，海关要确定参照货物与被估货物在物理性质、质量和信誉等方面都相同或类似，并满足同时或大约同时销售等要素，才可适用。但难点在于：一是签约时间是使用上述方法的关键要素，但在现有条件下，海关必须调取参照货物的相关贸易单证才能掌握签约时间，执行难度大。二是很多商品品质差异大，通常难以找到完全符合条件的相同、类似货物。鉴于这些问题，海关在估价实践中采用此方法并不多。

（2）倒扣价格法也有相当难度，如何确保在扣减中做到客观量化？有的项目怎样扣减才是合理的？

（3）计算价格法主要的特点就是费钱。被估货物来自国外，各国海关之间的协作渠道尚不成熟顺畅，海关要获得一手资料，只能派员到出口国调取，还得根据我国关于境外证据采信的要求去使领馆盖章确认。这个过程下来，单差旅费就不是某现场海关这样一个普通行政机关能够承受的。

逐一排除之后就剩下合理方法了。这一方法受到海关青睐，主要是因为"合理"的新瓶中可以装"正常价格"这壶老酒，"正常价格"跟随海关估价这么多年，感情很深，很难一下子完全从内心舍弃；另外，采用合理方法不要求审价关员有着过硬的商品学、国际贸易和会计知识，门槛低。其实从严格意义上看，合理方法是最难的。什么叫合理？海关和企业各有自己的判断标准，两者如何协调？如果协调不了怎么办？海关的标准与日后可能的行政诉讼审查的标准是否合拍？海关如何证明自己的价格不武断、虚构？如何在证明自己估的价格"合理"的同时证明企业申报的价格"不合理"？

拙著《企业如何应对海关行政处罚》叙述过的肇庆外贸开发公司诉肇庆海关违法估价案中就曾有过上述争议。原告不认可海关采用合理方法估价，指出：既然海关在《价格质疑通知书》中提出"企业申报价格明显低于海关掌握的相同或类似货物成交价格或国际市场价格行情"，就说明海关掌握相同货物成交价格。那么为什么不依照《审价办法》的规定，首先采用这一方法？

海关的辩解是：海关虽然掌握同型号集成电路的价格资料，但与被估货物不是同时或大约同时进口，也不是同一生产国，不能满足这两种价格方法的使用条件。

之所以不使用倒扣价格法，是因为企业虽然提供了同型号集成电路的增值税发票，但经审核，这些发票存在多处矛盾，难以反映贸易实际，且不能证明其主张的价格是在境内销售合计总量最大的，是向境内无特殊关系方销售的，也没有提供应扣减费用的客观可量化资料。肇庆海关虽然掌握同型号进口集成电路的销售价格，但这个价格不是在境内第一环节按照进口时状态销售的、合计货物销售总量最大的、在被估货物进口时或大约同时销售的价格，因而无法适用倒扣价格法。

如果采用计算价格法，需要掌握境外生产商成本、利润、费用等方面的客观可量化资料。由于肇庆外贸开发公司、肇庆翱思公司提供的资料难以反映贸易实际，同时由于海关也不掌握这方面资料，缺乏适用计算价格方法的条件。

在依次排除了前四种估价方法后，肇庆海关以海关掌握的国内其他口岸相同型号规格产品的实际进口成交价格资料为基础，采用合理方法进行估价。

海关的上述辩解有的地方令人疑惑：既然海关掌握的同型号集成电路的价格资料与被估货物不是同时或大约同时进口，也不是同一生产国，不能满足这两种价格方法的使用条件，也就说明：海关内部的价格与企业进口申报的价格不具有可比性，那么海关当初依据这样的资料去怀疑企业申报价格并进行估价是否合理？

企业提供的发票相互矛盾，那么海关有没有与企业核实这些发票，要求企业解释梳理这个问题以达到最终的解决？这些矛盾是否已经大到无法解释根本就没有再处理的必要的程度？

关于计算价格法，境外生产商成本、利润、费用等方面的客观可量化资料需要由谁来提供？《审价办法》已经明确海关可以到境外采集资料，那么凭什么要求企业必须提供，否则就不采用此方法？

三、估价时间的疑问

《审价办法》第 18 条规定：相同货物成交价格估价方法，是指海关以与进口货物同时或者大约同时向中华人民共和国境内销售的相同货物的成交价格为基础，审查确定进口货物的完税价格的估价方法。在第 19 条关于类似货物成交价格估价方法中也使用了"同时或大约同时向中华人民共和国境内销售"的字样。

但根据国际贸易实践，某票货物的成交价格来源于国际贸易合同，也就是说：在买卖双方签订合同的时候确定了货物的成交价格。合同签订后，双方履行合同中各自的权利义务，经过开立信用证、订立租船合同、长距离运输，最终到达进口口岸报关进口。海关对企业申报的成交价格进行审查，符合法律规定的，征税或免税放行。这里的成交价格就是买卖双方签订合同时的价格，而不是货物报关进口时的国际价格。也就是说，海关以合同签订时的市场价格评判企业的申报价格。

然而，对不能按《审价办法》规定以成交价格法确定进口货物的完税价格时，海关按《审价办法》规定的其他方法估价时所适用的时间基准为被估货物申报进出口之日，与成交价格法所适用的时间完全不同。虽然这一规定与《WTO 估价协定》所适用的基准时间"出口至进口国"并无原则冲突，但是该规定对大宗、分批到货、交货时间较长且价格变动大的进口货物而言，却有着诸多不合理之处。如果涉及被估价货物在合同签订后到报关进口这段时间里价格发生了重大变化，比如价格降低，海关是否肯以较低的价格去估价？如果价格上涨了，企业又是否同意海关以较高的现价去估这批货物？这个担忧不是危言耸听，近年来石油、铁矿砂等商品进口多次遇到这一问题。

第 ⑤ 章

从案例看《审价办法》

　　本章主要阐述在进出口通关实践中出现的一些真实的估价案例，并从诸多案例中归纳总结成几个容易理解的大类，希望大家通过研究这些案例对《审价办法》中的一些疑难问题有一个清晰的认识，对自己将要到来的通关操作有一个合法、经济、有效的事先安排。

一、受到限制的销售、搭售、转售、互售、寄售

（一）受到限制的销售

审价办法

　　第八条　进口货物的成交价格应当符合下列条件：

　　（一）对买方处置或者使用进口货物不予限制，但是法律、行政法规规定实施的限制、对货物销售地域的限制和对货物价格无实质性影响的限制除外；

　　……

　　第九条　有下列情形之一的，应当视为对买方处置或者使用进口货物进行了限制：

　　……

　　（二）进口货物只能销售给指定第三方的；

　　……

　　（三）进口货物加工为成品后只能销售给卖方或者指定第三方的；

　　……

【案例一】

2005 年 4 月，某钢板公司以一般贸易方式向海关申报进口日本产电磁钢卷。海关审核后认为：申报价格明显低于同时或大约同时国际、国内市场价格行情。于是海关对此票货物开展调查。

海关经调查发现：日本出口商系国内某公司母公司，双方存在特殊关系。海关试图证明该特殊关系影响了成交价格。但由于日本公司产品特殊，产品的产销均在关联公司之间，无任何其他参照产品和价格，海关无法找到有力证据证明此推断。

海关遂尝试从跨国公司转移定价角度予以突破。但由于国内某公司和日本母公司不配合，海关仍难以取得相关证据。海关通过仔细审查国内公司与日本公司签订的合同，发现合同约定，该公司进口的电磁钢卷经加工后大部分指定销售给境内的日资关联企业。

海关认为：合同此条款表明该进口货物的卖方对买方处置或者使用进口货物进行了限制，成交价格不成立，海关应另行估价。企业对此未能作出有力抗辩，最终海关补征税款 495 万元。

【案例二】

某公司系一家国有大型企业，生产组装汽车发动机启动马达、发电机等。为提高技术水平，某公司与日本公司签订了技术合作合同，进口使用日本公司技术生产的汽车发动机启动马达、发电机等货物，经过简单的更换外包装后，再加价销售给国内某汽车公司。

海关在一次对企业的稽查中发现：根据国内某公司与日本公司签订的技术合作合同，国内某公司在进口含日本技术的启动马达、发电机、导风管等货物重新包装后只能加价销售给国内某特定汽车公司，而不能销售给汽配市场或作其他处理，而据了解，如果企业将发电机、启动马达等销售到汽配市场的价格则明显不会低于销售给某特定汽车公司的价格。

海关认为：这样的贸易安排显然不合理，其销售受到限制，成交价格不成立。最终对发现的一票货物补征税款 41 万元，且以后所有进口货物均将由海关照此思路审价。

（二）搭售

审价办法

第八条　进口货物的成交价格应当符合下列条件：

……

（二）进口货物的价格不得受到使该货物成交价格无法确定的条件或者因素的影响；

第十条　有下列情形之一的，应当视为进口货物的价格受到了使该货物成交价格无法确定的条件或者因素的影响：

（一）进口货物的价格是以买方向卖方购买一定数量的其他货物为条件而确定的；

……

【案例】

某企业向海关报关进口美国某品牌医疗分析仪器，企业提供的进口协议显示：买方在购买仪器时，作出了每台仪器每年均需有不少于 2 万美元的诊断试剂的承诺，并且买方需与卖方签订相关试剂承诺协议。卖方将每季度检验买方的试剂订购量，如不合要求，卖方有权即时提高买方的试剂价格 5%，或有权要求买方以购买仪器方式补回所有差额。

　　对此条款海关认为：将试剂作为生化分析仪的一种强行附属搭配商品，违反了正常自由贸易的规则，实际上已构成搭售。因为虽然试剂是专用于生化分析仪上的，但在自由贸易情况下，买方的购买行为针对的是生化分析仪，应视为一个独立的买卖行为，至于作为生化分析仪主要消耗品的试剂，买方虽然可能需要，但在此次购买过程中没有义务去承诺必须购买及必须购买多少试剂，卖方也不能因为买方是否购买试剂及购买了多少试剂来改变生化分析仪的价格。货物的成交价格同样受到了搭售这一不可确定的因素影响，其成交价格不成立。

　　【分析】

　　搭售，是指经营者在出售商品或提供服务时，违背交易相对方的意愿，强行搭配其他商品或附加其他不合理条件的行为，也称为附条件交易行为。搭售是存在于商品交换中的一种不正常现象。无论是商品买卖还是技术贸易，其本是一种合同行为，双方的交易关系应建立在自愿平等、等价有偿原则的基础上；但搭售是卖方违背买方意愿，凭着经济优势地位强行搭配商品或附其他不合理条件的行为。它违背了商品交易应遵守的基本准则，破坏了合同自由的原则，是对自由贸易的一种限制。

　　《中华人民共和国反不正当竞争法》（以下简称《反不正当竞争法》）、《合同法》明确规定经营者所不得实施的附条件交易行为。《反不正当竞争法》第 12 条规定："经营者销售商品，不得违背购买者的意愿搭售商品或者附加其他不合理的条件"。《合同法》第 329 条和第 343 条规定，非法垄断技术、妨碍技术进步或者侵害他人技术成果的技术合同无效。技术转让合同可以约定让与人和受让人实施专利或者使用技术秘密的范围，但不得限制技术竞争和技术发展。根据上述法律规定，经营者可以为民事行为附加条件，但所附条件不得违反自愿、公平、平等、有偿、诚实信用的原则，不得违背相对方的意愿，不得限制自由公平竞争的开展。否则，该附条件交易行为无效，并且应当承担相应的法律责任。

在海关通关领域，搭售同样受到特别对待，不过法律惩罚的不是搭售者，而是被搭售者，海关试图通过惩罚被搭售者（缴纳额外税款）的方式影响到买方最终的贸易选择，最终惩罚搭售者。其实施效果究竟如何，本书不作评论。

（三）转售

审价办法

第八条　进口货物的成交价格应当符合下列条件：

......

（三）卖方不得直接或者间接获得因买方转售、处置或者使用进口货物而产生的任何收益，或者虽然有收益但是能够按照本办法第十一条第一款第（四）项的规定做出调整；

......

第十一条　以成交价格为基础审查确定进口货物的完税价格时，未包括在该货物实付、应付价格中的下列费用或者价值应当计入完税价格：

......

（四）卖方直接或者间接从买方对该货物进口后销售、处置或者使用所得中获得的收益。

......

《WTO 估价协定》第 8 条第 1 款（d）在按第 1 条规定确定完税

价格时，在进口货物的实付或应付价格中应加入："卖方因进口货物的转售、处置或使用而直接或间接获得的任何部分的收益。"

海关估价技术委员会在案例研究 2.2 中对《WTO 估价协定》第 8 条第 1 款（d）作了进一步阐述：

1）进口货物日后的转售、处置或使用的任何收益不得混同于与进口货物无关的、由买方流向卖方的股息或其他支付款项。

2）在需要对收益进行调整以及相关的情报资料在进口时不具备的情况下，有必要依据《WTO 估价协定》第十三条推迟一段合理的时间再最终确定完税价格。

【案例】

上文"受到限制的销售"中的案例二还有一个情节：根据供求合同，国内某公司将含有日本技术的货物简单加工后销售给国内某汽车公司，需按照净销售额的 3% 作为提成费支付给日本公司。海关认为：这明显构成了转售收益，其价格不符合成交价格。

【分析】

货物进口后转售、处置或使用而产生的收益（Proceeds of a Subsequent Resale, Disposal or Use of the Imported Goods）指货物进口后再出售、处置、使用而产生的收入。

目前关于转售存在较大争议的问题是：对"卖方直接或间接从买方对该货物进口后销售、处置或使用所得中获得的收益"中的"该货物"应如何理解。一种意见认为：该货物就是该进口商品本身，若对该货物进口后经过任何处理，即便是轻度的加工处理，那么向卖方支付的部分收益就不能作为转售收益计入进口货物的完税价格。另一种意见认为：该货物进口后经过加工再销售的能否作为转售收益计入进口货物的完税价格，关键是看该货物进口的加工程度，如果是实质性加工，即四位税号改变或增值部分价值占货物总价值30%以上的，那么向卖方支付的部分收益就不能作为转售收益计入进口货物的完税价格。

对此问题，大多数海关认为：进口货物应该是指该进口货物本身或货物进口后进行轻度加工后即转售的货物。对货物进口后进行实质性加工再销售的，由于进口货物已不复存在，加工后新货物的销售收入就不应作为转售收益计入进口货物的完税价格。

轻度加工与实质性加工的标准可参照《关于非优惠原产地规则中实质性改变标准的规定》（海关总署令第122号）中的规定，进出口货物实质性改变的确定标准，以税则归类改变为基本标准，税则归类改变不能反映实质性改变的，以从价百分比、制造或者加工工序等为补充标准……制造、加工工序标准，是指在某一国家（地区）进行的赋予制造、加工后所得货物基本特征的主要工序……"从价百分比"标准，是指在某一国家（地区）对非该国（地区）原产材料进行制造、加工后的增值部分超过了所得货物价值的30%。

（四）寄售

审价办法

第七条　进口货物的成交价格，是指卖方向中华人民共和国境内销售该货物时买方为进口该货物向卖方实付、应付的，并且按照本章第三节的规定调整后的价款总额，包括直接支付的价款和间接支付的价款。

【案例】

2007 年 1 月，上海 A 公司受深圳 B 公司委托先后向海关申报进口某品牌发动机 2 票，共计进口发动机 7 台，货值 47.8 万美元。贸易流程为：发动机原厂商授权新加坡代理商作为其全球销售代理，新加坡代理商在深圳成立 B 公司，负责在中国大陆接洽由新加坡代理商确定的最终买家并交货，深圳 B 公司委托上海 A 公司向海关报关。该两票货物货款的支付均是在新加坡代理商找到最终买家确定价格后才指示深圳 B 公司销售，货物在深圳 B 公司收到最终买家的货款并扣除深圳 B 公司利润后，再由深圳 B 公司付款给新加坡代理商。海关认为：国外卖方的申报行为只是为了把货物运至境内，而国内实际购买人在进口时尚未确定。由于不存在导致货物跨越关境的销售，不符合成交价格中"出口销售"的概念，这种贸易方式系典型的寄售贸易。

【分析】

名义上国内销售由委托代理人负责，但是货物的实际所有权及货物损益的风险均由国外卖方承担，国内的委托人或代理人只收取固定的代理费。虽然是寄售关系，但出于关税、货款支付、税务或其他原因的考虑，国外卖方会同委托的国内单位签订货物买卖合同。而正是这种非真正意义上的货物买卖合同掩盖了真实的寄售关系使得海关难以发现，在通关实际中，因寄售被海关估价的案例不多，原因也在于此。

（五）互售

审价办法

第八条　进口货物的成交价格应当符合下列条件：

……

（二）进口货物的价格不得受到使该货物成交价格无法确定的条件或者因素的影响；

……

【案例】

2005 年 9 月，某金属容器有限公司（以下简称"金属容器公司"）向海关申报进口一批美国产"易拉罐拉环专用铝合金板（有涂层）"，申报价格为 USD 2940/吨。经调阅 2005 年金属容器公司母公司——某集团公司与供货方美国某公司签订的合同，发现其中约定：2005 年 4 月至年底，金属容器公司的铝合金板用量为每月 20 万磅，铝锭价格根据装运前 2 个月行情价格确定，封顶价 USD 0.7167/磅（USD 1580/吨）；同时，集团下属另一公司须出售 20 万磅二级废铝给美国公司，价格以前 6 个月平均价格的 91.5% 确定。从协议内容看，美国公司从废铝交易中得到一定的价格优惠，金属容器公司说明此协议是在行情上涨超出预期，美国公司出现亏损的情况下，由美国公司提出并最终协商签订的。由此，海关认为实际交易双方存在互售行为。由于金属容器公司购买铝合金板的价格是以集团下属另一公司出售 20 万磅二级废铝给美国公司为条件，买卖双方成交价格受到使该货物成交价格无法确定的条件和因素影响，故成交价格不成立。

二、折扣

《审价办法》中没有直接规定，《审价办法》制定审查期间，草案中第 12 条曾规定了折扣，但由于争议很大，各种意见莫衷一是，最终颁布稿中删去了这一条。但问题是，折扣并没有因为在立法中被删去而在估价实践中消失，因折扣而导致的估价争议在现实中比比皆是。也正因为立法中的鸵鸟政策，导致折扣问题至今不能得到统一、权威的认定。

国际条约倒是有相关规定。海关估价技术委员会在《咨询性意见》中论述了关于现金折扣和数量折扣的估价处理意见。《咨询性意见》第 5.1 ～ 5.3 节中规定，卖方如果在出口销售前承诺给予现金折扣，不管在确定完税价格时是否已经付汇，都可根据销售价格来确定《WTO 估价协定》定义项下的成交价格。第 15.1 节规定，数量折扣是卖方根据顾客在一段时间内购买超过一定数量的货物所给予价格上的减价，此类数量折扣可分为进口前发生和进口后发生两种。如果数量折扣发生在货物出口销售至进口国前，则该折扣应予以承认，但如果所获得的折扣是合同之外额外增加的或者是合同之外所得的累计折扣，该额外折扣则不应从完税价格中扣除。如果数量折扣发生在货物出口销售至进口国之后，如回溯性折扣（Retroactive Quantity Discount），则在确定完税价格时不予以接受。而对于按将来进口数量累积性的逐步减价，只要属于由卖方提供并作为销售的一般条件并在同一个合约之下，则应予以接受。

【案例一】

2001 年 8 月，某公司向海关申报进口台湾地区某公司产的视频采集卡，因某公司为台湾地区公司在大陆的总代理，双方在协议中规定：台湾公司以销售收入的一定比例向某公司利润返点，利润返点通过降低进口货价实现。某公司以扣除返点后的价格向海关申报，价格仅为正常价格的 20%。

【分析】

折扣（discount）是卖方根据顾客在一段时间内购买超过一定金额或一定数量的货物所给予价格上的减让或优惠。在实践中大部分英文合同将折扣写做折扣（discount），也有写成返还（rebate）、退款（refund）、额外的酬金（bonus）等，上述词在表达及含义上有微小差别，在海关估价时也会有不同的结论。折扣根据产生的原因及类型可以分为现金折扣（指顾客在购买货物后即时支付货款，出卖人给予的价格减让）、数量折扣（指顾客因购买的货物达到一定数量出卖人给予的价格减让）、忠诚折扣（指顾客在一定时期内保持与出卖人之间的交易关系，出卖人给予的价格减让，其是数量折扣的一种特殊形式）、功能折扣（因顾客具备某种特别的功能，出卖人给予的价格减让，主要存在与出卖人与代理商之间）和特殊折扣（指出卖人给予法律规定的特定顾客的价格减让），除此之外还有实物折扣、补偿折扣等。

在海关具体操作上，不同的折扣会有不同的审价处理。

1. 回溯性折扣

回溯性折扣是卖方给予买方已进口货物的回溯性补偿，对前一单进口货物价格的回溯与补偿，导致其申报价格不符合成交价格的"实付或应付价格"条件，海关会重新估价。

2. 折扣与返点

目前许多生产厂商每年在制定销售政策时，对其销售代理公司特别提供一些销售奖励计划，即根据上一年代理商的销售业绩，根据不同的比例给予利润返还，一般称为"返点"（rebates）。

利润返还的形式是多样的，有的是供应商直接将资金划拨到代理商的账上，有的则是虽未发生资金的转移，但供应商给予代理商一个返还的额度，在以后双方交易中，可将这些额度直接从货款中扣除（即为折扣）。然而，人们往往会把返点的贸易形式与折扣相混淆。实际上，返点不同于折扣，返点在概念和表现形式上是完全不同的。返点不是针对此次交易本身而定的，而是销售中获得优惠，并反映到此次交易时，对于返点，其形式是多样化的，因素是不确定的。即：可一次性将来自供货商的返点全部用完，也可在每次交易中逐笔扣除，更重要的是，在卖方提供的原始商业发票及合同中并不体现，发票及合同金额应为货物的实际价格。

《WTO 估价协定》第 8 条调整因素中关于"减价"部分规定，对于进口的货物而给予的补偿性的减价，在确定后一批货物的完税价格时海关不能接受。以往交易的减价在进口货物价格中冲抵，海关不予承认。同时规定，完税价格是进口货物出口销售到进口国的实际已付或应付的价格。在上述案例中，台湾地区公司是根据国内某公司的销售规模按约定比例给予的利润返点，是针对已经进口并完成了销售的货物而言的，而利润返点则是通过将以后再进口的货物价格降低以冲抵利润返点的形式实现的，也就是说，降低进口货物价格是基于以前销售业绩而享受的利润返还。因此，根据《WTO 估价协定》上述有关条款规定，海关对此价格将不予承认。

3. 回扣与折扣

回扣在某些特定的条件下，也可解为折扣，并在符合条件的情况下从完税价格中扣除。如某公司与外商签订进口货物的一年采购合约，在合约中确立了一条关于数量折扣的条款（Volume Rebate），规定"当买方履约数量达到 36 000 吨时，卖方应付给买方 10 美元/吨的折扣"。此案例中，该数量折扣是在长期合同的数量约定范围内，卖方所给予买方的正常的数量折扣，该数量折扣不是回溯性，此处的"rebate"应理解为折扣，而不是返还，因而该数量折扣36万美元应从最终履约并达到规定数量时的进口货物最终完税价格中扣除。

【案例二】

唐山某公司向海关申报进口的一船铁矿砂，申报价格为CFR52.7USD/MT，当时国际市场该品位价格在CFR55USD/MT以上。海关对此价格提出疑问。该公司在说明中提到在货物抵港卸船时发现货物颜色、外观等有异，凭经验判断此批货物在品质上有问题。为了维护其利益，避免损失，该公司没有在《海关法》规定的期限内报关。同时申请CIQ对货物进行了检验，结果发现此批货物的铁品位比合同中规定的铁品位低了将近2个百分点（合同规定铁品位在62%以上，若低于61%拒付，而CIQ检验结果为60.2%）。所以该公司对出口商提出拒收货物，并要求出口商对其进行违约赔偿。随后，出口商派出代表现场察看了货物，提出要求该公司接受该批货物，以降价的方式对该公司进行赔偿（包括该公司在唐山港产生的巨额滞报金）。经过双方多次协商，最终达成一致，即在60.2%铁品位的正常价格基础上进行降价，以CFR52.7USD/MT的价格成交。降价金额作为对进口方损失的违约补偿。

海关认为：根据《审价办法》中对成交价格的定义，进口货物的成交价格，是指卖方向中华人民共和国境内销售该货物时买方为进口该货物向卖方实付、应付的，并且按照本章第三节的规定调整后的价款总额，包括直接支付的价款和间接支付的价款。上述案例中，买方实际支付的款项无疑就是按CFR52.7USD/MT支付的价款，由买卖双方经过协商降价抵偿的那部分违约金是不是要计入完税价格，要看这部分违约金是不是属于应付的范畴。案情显示：由于独立于成交价格之外的违约金的存在，价格产生了折扣，这种折扣是在货物进口之后发生的，而且企业无法提供书面折扣依据（没有注明折扣的发票和合同）。故这种折扣属于无法确定的价格折扣范围，它使货主的实付货款小于应付货款，因此海关不能接受。

综上，理解折扣需把握两点：一是"出口销售"的时间与条件：如果货物在出口销售前获得了折扣且不存在货物进口后的返还或回扣，则折扣应从完税价格中扣除，反之则应计入；二是对"成交价格"构成的分析与判断：即对于同一合同约定之下实现的折扣，无论是一次性交货或者是分批交货；或者公开的市场折扣、商业性折扣，无论是付现或数量折扣，符合"成交价格"的条件，均应从完税价格中扣除。数量折扣应根据实际条件区别估价。

三、保修费

审价办法

第十五条　进口货物的价款中单独列明的下列税收、费用，不计入该货物的完税价格：

（一）厂房、机械或者设备等货物进口后发生的建设、安装、装配、维修或者技术援助费用，但是保修费用除外；

......

【案例】

国内 A 公司向同属于某跨国公司集团下的境外关联企业采购进口货物，按公司内部原厂发票价格向海关申报进境；货物进口销售后发生的保修由跨国公司在国内专门负责维修的 B 公司根据 A、B 公司签订的《设备维修服务协议》提供维修服务；保修成本和费用由买方 A 公司承担。

【分析】

根据 WTO 估价技术委员会《解释性说明 6.1》对"保修"的解释，"保修是对货物担保的一种形式，如对汽车和电子产品，保修应包含由承担保修方为弥补缺陷（零部件和人工）或者满足某些条件进行替换的成本。如果不符合这些条件，保修将是无效的。保修包括货物隐藏的缺陷，例如不应该存在的缺陷并且该缺陷影响货物的使用或减少其使用。"

《审价办法》中提到的"维修"，根据 WTO 估价技术委员会《解释性说明 6.1》，是指："使财产达到适用的状态的保养、维修或保护"。

保修和维修的区别：维修是对货物一种预防性质的保护，对诸如工业设施和设备等货物的保护以使其达到按要求运行的标准。保修是对货物保证的一种形式，如对汽车和电子产品，保修应包括由承担保证方为弥补缺陷（零部件和人工）或者替换的成本而满足某些条件。如果不符合这些条件，保证将是无效的。保修包括货物隐藏的缺陷，例如不应该存在的缺陷并且该缺陷影响货物的使用或减少其使用。维修应是一直要进行的，而保修则仅仅是额外的措施，是针对不能正常工作或无法工作的货物行使的。

根据上述区分，海关在审核进口货物完税价格时，对能与进口货物的实付或应付价格相区分的维修费用或者成本不应计入完税价格，但与进口货物相关的作为进口销售一项要件的保修费用或者成本应该计入完税价格。

就保修费用而言，海关判断有关费用是否应税的一个主要标准是——相关费用的支付是否是进口货物的买方自行从事的活动。如果保修费用的支付是买方自行从事的，而不是卖方要求买方为获得进口货物必须进行的活动，有关保修费用的支付就不构成出口销售的条件，不是实付或应付价格的一部分，不应计入完税价格。而关于如何在估价实践中正确运用这一标准的问题，应从"出口销售"、"买方自行从事的活动"、"实付或应付价格"等角度进行审核。

WTO 估价技术委员会在《评论 20.1》中将对进口货物销售后实施的保修分为两种基本的情形：

一种是由买方直接或间接负担成本和承担保修风险。在这种情况下，买方决定由其自己负担保修成本。此时，任何支付或由买方为保修发生的其成本，既然是买方自己从事的活动，根据对《WTO 估价协议》第 1 条的注释不构成实付或应付价格的一部分。

另一种是由卖方直接或间接负担成本和承担保修风险。在这种情况下，无论是卖方在制订货物价格时直接将向顾客提供保修的费用或成本计入成交价格，或是卖方选择在货物价格以外另开保修的发票将保修的费用或成本转嫁给买方，抑或是卖方以合同的形式将保修风险转嫁给第三方并要求买方向第三方支付，保修成本都应该是出口销售的一项条件且应该是实付或应付价格的一部分，必须计入完税价格。

具体到本案，进口商认为保修是货物进口以后在国内发生的维修服务，其费用不应作为完税价格的一部分征收进口环节的税款。

海关认为，根据我国海关相关法律法规、《WTO 估价协议》以及 WTO 估价技术委员会的有关文件，保修和维修是两个有本质性区别的概念，保修不同于维修，保修不是海关核定进口货物完税价格时的扣除条款，而应作为货款计入完税价格。

进口商还认为，保修是买方自行从事的活动，由此产生的费用不应作为完税价格的一部分征收进口环节的税款。

海关则坚持 A 公司是跨国集团中的一家关联公司，必须根据集团的指定提供维修等服务，承担相应服务费用。这项活动是买方根据卖方的要求开展的，不是买方自行从事的活动。因此，此项费用不属于进口商可以选择的范畴，而是构成进口货物销售的一项要件，应当被计入进口货物的完税价格。

海关的这个意见有值得商榷之处：有母子关系就一定意味着下级公司的任何行为都是上级的指令吗？下级公司也是一个独立的法人，有着自己的国家背景、历史习惯、经济关系和利益考虑，并未丧失其应有的法律权利和义务，否则子公司和分公司如何区分？在本案中，难以发现任何能够证明维修系母公司指令的材料。A 公司之所以委托 B 公司，并不是因为双方有着共同的母公司，而是因为 B 公司专门从事母公司产品的维修服务，有着丰富的经验和完善的设施。

四、佣金

审价办法

第十一条　以成交价格为基础审查确定进口货物的完税价格时，未包括在该货物实付、应付价格中的下列费用或者价值应当计入完税价格：

（一）由买方负担的下列费用：

1. 除购货佣金以外的佣金和经济费；

……

根据《WTO 估价协定》，英文"Buying Commission"，虽被翻译成购货佣金，或称购买佣金、买方佣金（以下简称 BC），但其作为法定的不计入完税价格项目是相当明确的：BC 不是"实付或应付价格"的调整加项。因此，如果买方支付的佣金是"真正的，诚实的和善意的" BC 时，就不需调整加入完税价格。其中第 8 条第 1 款指出，在根据第 1 条的规定确定完税价格时，应在进口货物的实付或应付价格中加入：（a）下列各项，只要由买方负担但未包括在货物实付或应付的价格中：（i）佣金和经纪费用，购货佣金除外。《海关估价协议》关于第 8 条第 1 款（a）项（i）目的解释规定："购货佣金"一词指进口商向其代理人为代表其在国外购买被估价货物中所提供的服务而支付的费用。

【案例】

国内某公司自 2005 年年底开始进口印度尼西亚 C 公司产铝

矿砂，由于印度尼西亚特殊的政治局势，为保证企业铝矿砂的及时供给，印度尼西亚供货方提出供货交易必须通过其指定的代理公司，由其负责确定合同价格、数量并保证合同正常履约。国内某公司自 2006 年 6 月开始，从印度尼西亚 C 公司每进口一吨铝矿砂需支付给卖方代理公司 2 美元佣金。

【分析】

购货佣金以外的佣金即销售佣金，又称为卖方佣金，是指卖方代理人为卖方寻找买主，或者为卖方促成交易而获得的报酬。通常情况下，卖方佣金（销售佣金）由卖方直接支付，并已经包括在进口货物的成交价格内。如果国外的供货商通过卖方代理人销售货物，并自行向后者支付佣金，这时佣金已包括在被估货物的发票价格中，海关在确定其完税价格时，无需对成交价格进行调整。但当卖方未对货价和卖方佣金（销售佣金）进行拆分，进口商在向卖方支付货价的同时，还必须根据卖方的要求向卖方代理人支付佣金。在这种情况下，由买方支付的，未计入货价的卖方佣金（销售佣金）构成了实付或应付价格的调整项目，应计入被估货物的完税价格。

五、利息

审价办法

第十五条　进口货物的价款中单独列明的下列税收、费用，不计入该货物的完税价格：

……

同时符合下列条件的利息费用不计入完税价格：

（一）利息费用是买方为购买进口货物而融资所产生的；

（二）有书面的融资协议的；

（三）利息费用单独列明的；

（四）纳税义务人可以证明有关利率不高于在融资当时当地此类交易通常应当具有的利率水平，且没有融资安排的相同或者类似进口货物的价格与进口货物的实付、应付价格非常接近的。

【案例一】

2005 年 12 月 7 日，某企业向海关申报进口 8 台"全电脑毛织编织机"，申报价格为 CIFUSD57000/台，贸易方式为"外资设备物品"，征免性质为"鼓励项目"，税款按"先征后返"方式办理。其中合同中对货物付款条件作出约定："50% 合同货款于 30 个月内以 10 期分期付款，每季付一期，年息为 7.55%，利息由设备到达厂房开始计算……"合同附件同时列明每期供款及本金、利息。但企业在进口时，其申报价格并未包含该笔利息费用。

【分析】

《审价办法》对融资不计入完税价格列出了四个条件，下面简单予以分析：

1. 什么叫融资

融资指公司根据自身生产经营和资金拥有状况，以及公司未来经营发展的需要，通过科学的预测和决策，采用一定的方式，从一定的渠道向公司的投资者和债权人去筹集资金，组织资金的供应，以保证公司正常生产需要、经营管理需要的理财行为。国际贸易中进口业务货款的支付可以采用即期支付的方式，也可以采用远期支付的方式。如果采取即期支付的方式，不存在支付利息的问题。如果采用远期支付方式，既可以由出口商承担利息，也可以由进口商承担利息。如果是出口商承担利息，可以看做是出口商为进口商提供的一项促销政策。如果是进口商承担利息，则可以认为是进口商通过出口商进行资金融通。

2. 关于书面的融资协议

这里的"协议"不应机械地理解成一个专门的合同，合同、附件、其他协议中关于融资的条款等都应视做符合法律规定的条件。

3. 对利息费用单独列明理解的问题

这里的列明包括货物单价、发票、账册记录等。

4. 进口企业举证问题

这个工作应该在进口之前就安排好，找到其他类似进口货物的价格情况并不是很难，随便找一两个同行企业都能举证。"当地利率水平"的取证稍有难度，可委托出口国律师行从事这个工作，当然，会有一些花费。

【案例二】

某公司申报进口2000吨木浆，货值77万美元，付款方式为90天远期信用证。但买方由于资金周转问题，到期不能按时向卖方支付货款，于是其利用银行信用，在规定期限内，由其开户银行垫付了该笔货款。事后买方分三批向银行还贷，并支付了开户行10余万元人民币的利息。

【分析】

这笔利息是否应计入完税价格？

《WTO估价协定》注释1有如下解释：（1）实付或应付价格指买方为进口货物向卖方或为卖方利益而已付或应付的支付总

额。（2）买方自负责任所从事的活动，除第 8 条规定的进行调整的活动外，即使可能被视为对卖方有利，也不被视为对卖方的间接支付。本案中，某公司为支付货款向银行借贷，是买方自负责任所从事的活动，与卖方没有关系，因合同中并未规定买方支付资金的来源问题，也就是说卖方并未参与借贷。基于此，买方该项利息支出的受益方是开户银行，买方未向卖方支付除货款外的任何费用，所以卖方也未有任何额外受益。因此本案例中的利息支出不应计入完税价格。

第 六 章

海关参考价格评点

在海关估价过程中，很多企业都或多或少地听过"海关参考价格"这个说法。若企业申报的价格低于海关内部的参考价格，海关启动估价程序的可能性就非常大，反之，就能顺利通关。什么是海关的参考价格？本章将着重予以介绍。

一、参考价格的发展历史

1988 年，海关总署下发了《关于从港澳地区进口的若干货物的完税价格实行最低限价的通知》，首先提出"最低限价"的概念，即企业申报进口货物的价格不得低于海关最低限价，否则海关不予接收，予以估价。1992 年，海关总署又下发了《关于价格资料使用和价格信息工作若干规定的通知》，规定从 1993 年 1 月 1 日起开始实行三级价格信息管理的审价模式。1996 年制定了《关于海关参考价格的使用和管理规定》，规定从 1996 年 5 月 1 日起取消原三级价格中"最低限价"和"重点商品指导价"的名称，改称"海关参考价格"。2002 年《海关估价操作规程》实施，海关参考价格的称谓被废止，取而代之的是"价格风险管理参数"。

二、价格风险管理参数

"价格风险管理参数"取代"最低限价"的大背景是中国入世，我国为履行承诺被迫调整通关制度，海关估价模式也从"正常价格"转向"成交价格"。

与最低限价相比，价格风险管理参数至少在名义上更加柔和、中性，不再是老虎的屁股摸不得。企业申报的价格如果低于最低限价，海关会立即以最低限价进行估价，但如果低于价格风险管理参数，不会百分之百被估价，即使被估价，企业也被赋予了一些权利去保障自己的利益，海关和企业还需在海关制订游戏规则的棋局中交锋博弈。

价格风险管理商品的范围主要有：（1）主要税源商品；（2）进口高税率商品；（3）国内外差价大的大宗进口商品；（4）进口量急剧增长的商品；（5）价格瞒骗情况比较严重的商品；（6）通过价格监控发现有重大瞒报价格嫌疑的商品；（7）海关总署和直属海关确定的其他重点商品。

参数的物质载体是海关的计算机办公系统——价格资料系统（PRICE/PAS2），这个系统是海关通过网络将全国范围内进出口各种商品的价格资料进行收集、整理的一个应用系统，全国各海关均可共享。系统于1994年初步研发完成，2001年进行了升级改造。该系统能够自动选择筛取各海关每日上报的报关单数据形成初步资料库，经过各下属价格部门复核、整理后向全国海关发布，供有关部门查询。

海关的价格资料库对海关的进出口监管起到了非常重要的作用，很多价格瞒报的走私案件就是最先从价格资料库中发现了端倪。由于价格库的资料来源于全国各海关通关的一线数据，内容基本翔实，商品相对丰富，基本反映了我国进出口环节某一商品在某一时段的市场价格，以其作为标尺具体衡量每票货物的价格，公正程度很高。

但海关参考价格（参数是一个更学术更柔和的称呼，就像我们把失业称作下岗，把下降称作负增长）同样有着致命的弱点。

（1）价格库中某商品在某时段的价格未必就是当时的最低价格。由于各海关对在原始报关单数据进行筛选时事先制订了一些标准和门槛，有的货物申报价格较低但真实，可是由于不符合海关的筛选标准没有被纳入资料库中。最近就发生了这样一起案件：海关对某企业申报进口货物使用相同货物成交价格方法进行估价，海关在价格库中找到了该商品的最低价格，并以此为依据直接估价。后企业向上级海关申请行政复议，并提交了其他企业在其他口岸进口相同货物的报关单、税单等证据，证明这个价格比海关所谓的"最低价格"还要低。上级海关复议认为：申请人提供的进口货物的成交价格真实有效，符合《审价办法》中按照相同或类似货物价格审查确定有关进口货物完税价格的相关规定，虽然上述价格未被纳入价格资料库，海关在审定涉案货物完税价格时也应将其作为估价依据之一。海关在选取最低价格资料时范围不具有全面性，在此基础上的完税价格无法定效力。最后，上级机关撤销了原审价决定。

（2）价格库资料有滞后性。各海关筛选的报关单数据最终转化成参考价格需经过一系列的法定程序，最短也得一个星期左右，个别情况下可能需要一个月甚至更长。而近年来国际市场上商品的价格千变万化，尤其是一些石油矿产类商品，往往三两天价格就发生天翻地覆的变化。以反映前期价格状况的参考价格去衡量现时的商品价格，显然不合理、不公平。

（3）价格库资料不完整。在资料库中，有的商品有资料但没有规格型号，没有随机资料，甚至根本没有该商品。而不同型号的同一商品价格差别极大，以此型号照搬彼型号显然不恰当。

（4）海关一直认为：价格库资料属于"秘密"，如果发生行政诉讼，不能公开质证。在拙著《企业如何应对海关行政处罚》

估价一章中曾专门介绍了肇庆外贸开发公司诉肇庆海关估价案，其中也涉及这个问题。原告要求海关公布参考价格资料，海关认为：海关价格资料属于保密资料，不宜在开庭审理中出示、质证和引用。原告则认为：海关价格资料不属于《中华人民共和国保密法》（以下简称《保密法》）中规定的"秘密"，不具有保密效力，要求公开质证。当时的法院认可了海关的观点，未对上述价格资料公开质证。

五年后的 2008 年，广州某公司不服海关估价决定提起行政诉讼，在庭审中海关价格资料再次成为双方争论焦点。企业要求海关公开出示，海关坚持旧见。法院却认为：证据应当在法庭上出示，并经过庭审质证。未经庭审质证的证据，不得作为定案的依据。如果海关认为价格资料属于国家秘密，不能在庭审中质证，就不需要将上述证据提交法院。法院的意见让当事海关陷入两难：如果提交，不符合上级海关要求和一贯做法，并且开了一个先河；如果不提交，海关估价就缺少重要证据支持。一番踌躇之后，海关最终向法院提交了价格资料，并在法庭公开质证。

其实这个问题并不复杂。《最高人民法院关于行政诉讼证据若干问题的规定》（以下简称《行政诉讼证据规定》）第 37 条规定："涉及国家秘密、商业秘密和个人隐私或者法律规定的其他应当保密的证据，不得在开庭时公开质证。"这里表述的是"不得开庭时公开质证"，这并不等于不可以质证。《WTO 海关估价协定》第 10 条规定："对于所有属机密性质的信息，或为海关估价的目的而在保密基础上提供的信息，有关主管机关应严格按机密信息处理，未经提供信息的个人或政府的特别允许，有关主管机关不得披露，除非在进行司法程序时要求予以披露。"该规定对在司法程序中使用相关保密资料作为例外。换言之，在行政诉讼中可以公开质证。

　　据我们的了解，参考价格虽然已经不再是最低限价，但在一些海关审价人员的具体操作中，参考价格一直起着最低限价的作用。这主要是因为：海关估价岗位作为海关最专业、难度最大的岗位之一，对执法关员的个人素质和能力有着较高的要求，尤其是一些口岸海关，报关单量大，任务繁重，上级部门又有着通关效率的要求，这不仅考验着一线关员的智力，更考验着关员的体力。在这种双重压力下，将参考价格直接拿来的做法一来不用殚精竭虑、费时费脑，二来也容易为领导所接受。海关关员也是普通人，也有着趋利避害的本能，这点我认为也在情理之中。在这种情况下企业要想维护自己的合法权益，就需要更多的主观能动性，既不逆来顺受，也不无理搅三分。

第 七 章

公式定价

一、公式定价的概念、特点

公式定价是指在国际贸易中向我国关境内销售货物所签订的合同中，买卖双方没有以明确具体的数值约定货物价格，而是以约定的定价公式来确定货物结算价格的定价方式。

公式定价的成交方式在大宗原材料进口案例中非常普遍。买卖双方在合同中只规定一个暂定价格，最终交易价格由一个在一段时间内根据相关市场要素或标准调整商品价格的公式确定。从货物实际进口到货物价格最终确定期间，商品的交易价格实际上处于一种不确定的状态，既可能比暂定价格高，也可能比暂定价格低。如某公司申报进口原油，定价公式由提单所在月的普氏原油中点平均价格加减贴水构成，这种定价方式导致企业向海关申报时成交价格尚未确定。这种价格至少在海关估价角度是一个特例，海关在通关审价过程中不能再照方抓药，必须采取有针对性的措施。

从实际工作来看，国际贸易中多样化的定价模式给海关的审价带来了许多的麻烦。不同的定价模式有着不同的特点，由不同的内涵构成。例如现货价格与长期协议价格。现货价格比较简单，海关直接审查就可以了。长期协议价格就稍微复杂了一点：价格可能与行情不符，有时候甚至有很大的差别，超出了海关内部风险参数预警的红线。这个价格是不是合理？长期协议是否真实、公平？有无其他额外支付？如此种种问题，都需要海关去核实、解决。再如各类折扣优惠价格，常见的折扣是现金折扣、数量折扣和回溯性折扣。有的行业如飞机贸易，还有诸如基本回扣、机群数量回扣、框架交易回扣、市场支援推广回扣、客户支持回扣、民航发展基金、额外培训和配件回扣等，这些行业内的规则很多不是外人所能掌握和熟知的。公式定价是诸多定价方式中比较复杂的一种，由于涉及运费、担保费、代理费、利息费、保税区仓储费等的漏报问题，公式定价的审价一向是海关审价工作中一个比较挠头的问题。

从近年来实际进口来看，涉及公式定价的商品有三类：一是农产品，如黄大豆等。二是原油和大宗石化产品，如乙二醇、丁二烯对二甲苯、石油沥青、丙烯腈等。三是金属及矿产品，如锌精矿、铜精矿、铁矿砂、氧化铝等。这些商品主要的特点是：一是进口货物的价格由公式选价期和市场客观因素确定的变量决定，而不取决于供求双方的主观因素。二是此类货物进口通常属于长期合同，供求双方有着长期稳定的供应关系。

二、公式定价审价的依据及出台背景

公式定价的海关审价的最主要依据是世界海关估价技术委员会《评议4.1》中的公式、价格复审条款（Price Review Clause），该款规定：在商业实践中，有些合同可能包含价格复审条款。有复审条款合同中的价格只是暂定的，最终的应付价格是根据合同规定的某些因素确定的。在此情况下，进口货物的成交价格应当根据《WTO 估价协定》第 1 条及解释性说明的规定，以货物的实付或应付价格为基础审查确定。由于进口货物的应付或实付价格可以根据合同中的有关资料加以确定，因此，价格复审条款不能成为不能确定价格的一个条件或因素。

国内专门规范公式定价问题的文件是《关于公布海关审定公式定价进口货物完税价格的有关规定》（海关总署公告2006年第11号）（以下简称2006年第11号公告）。2006年第11号公告给出了公式定价的含义，具体要求、并且列出了常见商品名单。然后，文件说明了对公式定价商品海关管理的核心内容：备案。

需要说明的是，公式定价并不是2006年第11号公告之后才出现的，这种贸易方式早就存在。但在2006年以前，海关对这种贸易审价的通常做法是：企业以一个暂定价格向海关申报，征税放行后，确定最终价格，企业再补充申报缴纳税款或退还税款。企业申报的暂定价格由企业自己估定，这个价格一般会非常接近实际结算价格，且略少于结算价格（补税毕竟比退税简单得多）。由于所涉商品国际行情基本稳定，短时间内的涨跌都在可预料的范围之内，税收风险较小，海关和企业都默认这种做法。

但2004年以后，由于世界（主要是中国）的强劲需求，国际上大宗原材料市场价格发生剧烈波动，原油、铁矿石、化工产品等价格一路走高，且稳定周期越来越短。某海关曾发生过一件有意思的事情：某企业申报进口一批铁矿砂，货物到港后由于品质原因，买卖双方一直交涉，货物一直没能报关进口。临近3个月的期限，海关准备拍卖这批货物时货主突然发现：这批货价格大涨，即使扣除全部费用也物超所值。货主赶紧放弃与卖方的争执，马上提走货物，狠赚了一笔。

在这种情况下，海关认为：商品价格上涨幅度过大，企业申报价格与实际结算价格差距也在拉大，由此涉及的未缴税款数额也在增大，海关无法承受这样的执法风险。经过一系列紧张的调研和斟酌之后，2006年第11号公告仓促出台。这个公告虽然规定得过于简单和原则，缺乏可操作性，H2000通关系统也尚未设置相应提示和关卡，但聊胜于无。

三、2006 年第 11 号公告存在以下几个问题

（1）对《关税条例》和《审价办法》进行了扩大解释。从立法层次上讲，2006 年第 11 号公告仅仅是海关总署的一个文件，在效力上是低于作为行政法规的《关税条例》和总署规章的《审价办法》的，所以对 2006 年第 11 号公告不能突破上位法的规定作扩大解释。但从另一个方面讲，2006 年第 11 号公告的内容又符合其上位法 WTO 文件的规定。这里有一个解释：其上位法的某些条款规定不周延、不严密。

上文所说的扩大解释是指：《审价办法》第 8 条第 1 款第（2）项规定：进口货物的价格不得受到使该货物成交价格无法确定的条件或因素的影响。而 2006 年第 11 号公告第 2 条第 1 款第（2）项明确规定："结算价格取决于买卖双方均无法控制的客观条件和因素。"这构成明显的矛盾。

其实矛盾本来是可以避免的，只需要《审价办法》第 8 条后面的一个但书规定。

（2）用语不严谨。2006 年第 11 号公告对公式定价所下的定义"指在向中华人民共和国境内销售……"，这里的"境内"显然是失误。正确的说法应该是"关境内"。在我国，因为港澳台地区的缘故，关境小于国境。

（3）对于企业违反义务的处理语焉不详。2006 年第 11 号公告规定了企业向海关备案的义务，并规定了具体时限。那么如果企业应该备案但实际未备案海关应如何处理？2006 年第 11 号公

告里没有规定罚则，似乎唯一的后果就是海关对企业申报进口的货物不按照公式定价货物进行审价。但海关总署在发布这个文件的内部通知中又说如果企业在此文发布后没有备案而报关，海关可以要求企业先备案，也就是说海关还是按照公式定价去审查（事实上也不好采用其他办法），备案可以补。本来 2006 年第 11 号公告中规定企业在合同签订之日后 10 个工作日内向海关备案是为了让海关有充分的研究分析时间，那么报关当日再备案意义何在？当然，海关总署这个文件开的这个口子也有时限（两个月），但在实际工作中，罕有海关因为企业没有事先备案就对企业申报进口货物进行估价。

（4）程序缺失。企业向海关备案后，海关不认可这一公式，是否需履行一定的程序，如价格质疑、价格磋商等？

（5）造成企业资金压力。2006 年第 11 号公告规定企业对公式定价货物可以交保放行，待最终结算价明确之后，再对原报关单的价格进行修改并打印海关缴款书，对保证金多退少补。因公式定价货物大多为原油、矿砂等大宗货物，单笔保证金动辄上百万甚至上千万元人民币。巨额资金的长期占用严重地影响了企业的正常经营。另外，由于最终结算价格无法在短期内确定，导致企业在月末因没有海关缴款书而无法抵扣销项增值税，资金压力进一步加大。

其实在这个问题上海关可以更灵活一点。征收保证金的目的是为了防范税收风险，避免企业在得到货物后卷铺盖走人。但从事公式定价商品的企业绝大部分是大型国有企业或上市公司，资信状况良好，很难相信这些企业会因为一票货物的税款赖着不给而出什么昏招。所以在这个问题上，企业或者行业协会、几个大型企业联合等和海关可以坐下来谈谈，探讨一些行之有效的办法，既能化解海关的担心，也能缓解企业的压力。

（6）多口岸备案问题。根据 2006 年第 11 号公告规定，《备案表》只在本关区内有效。但在实际工作中，一些企业因最终用户的因素需在不同口岸进口同一货物，或者由于码头泊位问题需临时改换进口关区（这点在广东尤为明显，一省存在着多个直属海关），那么企业需就同一内容连续向不同海关备案，且不说企业奔波之苦和海关无效重复劳动之累，单说一个问题：同一内容，如果不同海关作出不同甚至完全相反的判断和决定如何处理？至少这种局面减损了海关执法的严肃性。当然，也有个别企业利用这个规定，专挑软柿子吃，这就是另外一个问题了。

现在海关总署正在开发《中国海关公式定价进口货物备案管理系统》，希望能够解决这一问题。

（7）企业付汇核销问题。在国际贸易中由于公式定价中的货物价格尚未确定，卖方为了能够在信用证项下交单，让买方及时得到提单，一般会根据合同临时估算一个发票价格。买方按信用证所开金额对外付汇，差额部分一般滚动到下笔贸易中结算（也有以 T/T 方式结算的）。海关如果以公式最终结算价估价，企业的开证金额和海关的估价金额就会不一致，导致无法顺利支付和核销。

四、贴水问题

在公式定价的海关估价中，贴水是最容易发生误解和争议的问题之一。以燃料油为例，其定价方式一般是交货当月普氏新加坡燃料油均价加一定比例贴水，贴水可能是正值，也有可能是负值。影响贴水的因素有很多，不同的成交方式，如 CIF、FOB、EXW，不同的品质，不同的原产地，不同的卖方等都会造成不同的贴水。例如，同为高硫燃料油，由于加工工艺不同，裂解油和直溜油贴水差异每吨能达 8 美元左右；同一船进口的燃料油，由于国内买家的数量、时间的不同，确定的贴水也不同。

有时候买家地区的不同也能影响到贴水。如发电厂用的燃料油，广东省和上海市标准不同（上海更注重环保，要求更严），导致贴水存在较大差异。

个别时候，对于同样的地区、同样的原产地、同样的品质的同一船货物，卖家纯粹由于技术上的原因，也会出现不同的价格。如货物已经装船，大部分已经卖出，少部分尚无买主，为了能及时清仓，卖主会降价出售。

在这个问题上，进出口企业无疑是有主动权的，有充分的理由去说明贴水的合理性。当然，企业在日常商务操作上也要注意收集保存相应材料，必要时作为证据向海关提供。

五、关于滚动结算问题

滚动结算是指进口商与境外供货商达成长期交易协议。买卖双方由于存在大量的连续性交易，为提高资金使用效率，减少金融费用，简化付汇手续，一般会采用记账方式处理部分款项问题，而不是逐票结算。

先看两个有着不同处理结果的案例。

【案例一】

A 公司于 2005 年 9 月向海关申报进口沙特产乙二醇

3149. 327 吨，申报单价 770 美元/吨，进口商提供了合同、发票、提单等随附单证。资料显示：合同卖方为 B 公司，代理公司为 C 公司，买卖双方签订 2005 ~ 2006 年采购供应大合同，共计采购 15 万吨左右。以每月 SABIC 合同价为暂定价，暂定价与结算价的差额在下单进口货物价格中滚动结算。合同计价公式为：

CFR 宁波 = ACP – A – B

A = 25 美元/吨；B = （ACP – 现货价）×@

@ 在 0% ~ 90% 之间。

其中（ACP – 现货价） = 0 ~ 30 美元/吨 则@ = 0

（ACP – 现货价） = 31 ~ 40 美元/吨，@ = 20%

（ACP – 现货价） = 41 ~ 50 美元/吨，@ = 30%

（ACP – 现货价） = 51 ~ 60 美元/吨，@ = 40%

（ACP – 现货价） = 61 ~ 70 美元/吨，@ = 50%

……

（ACP – 现货价） = 超过 200 美元/吨，@ = 按实际差价结算

ACP 为 SABIC 公布的亚洲每月合同价（提单月）

根据合同约定，进口提单月 SABIC 每月亚洲合同价为 830 美元/吨，ICIS 月平均价格为 817. 13 美元/吨，（ACP – 现货价） = 12. 87 美元/吨，@ = 0% 。合同结算价应为 805 美元/吨。开证时尚无结算价，暂定价与结算价差额为 127 万美元，买卖双方约定暂减 60 美元/吨作为开证价。就进口商的开证价而言，此价格是由于此票货物之前合同进口货物的应付账款滚动结算而形成的。

海关认为：单票进口货物的滚动价格结算问题有其客观原因，目前我国外汇支付和核销体系主要针对有形货物进口，需要有报关单才能对外支付和收取外汇，故无法做到每笔进口货物产

生的价格差异一单一结。这个困难不是企业或海关造成的，也不是在海关法律框架下能够解决的，故此问题宜松不宜紧。最终海关认可了企业的申报。

【案例二】

2009 年 6 月，D 公司向海关申报进口伊朗产 SOROOSH 原油 3.45 万吨，申报价格 46USD/BBL。7 月，该货物进口前，企业已经将公式定价合同向海关备案，公式为 CIFPLATTS（DUBAI + OMAN）/2（MAY2009—11 + FR + 0.08。五月份普氏 DUBAI 和 OMAN 报价分别为 57.853USD/BBL 和 57.963USD/BBL。将两标杆油五月均价和审定的运费 1.076USD/BBL 代入计价公式，得出价格为 48.064USD/BBL。

对此差额，企业解释为：公司对于由保险理赔、期货投机盈亏以及结算价格与暂定价格差额等因素引起的价款调整，会积累到一定时间、一定数额后一次性分摊到其后进口的一票或几票原油价格上，该票原油存在以前进口原油多付价款的冲抵，分摊款项为扣减 2.064USD/BBL。由于受到滚动结算影响，申报价格与实际成交价格不一致。

海关认为：根据《审价办法》第 56 条的规定，间接支付指买方根据卖方要求，将货款全部或者部分支付给第三方，或者冲抵买卖双方之间的其他资金往来的付款方式。本案中企业通过滚动结算的方式，导致最终结算价低于合同推导价，属于间接支付，成交价格不能成立。最终，海关估价征税 4600 万元。

从以上两个案例可以看出：目前海关对滚动结算问题并无统一有效的规范，不同海关不同关员有着不同的理解。其实了解滚动结算只需回答几个问题：（1）滚动结算的客观成因是什么？（2）滚动结算是否属于间接支付？

我们认为：既然海关承认公式定价的客观存在，也认识到其在价格确定方面的特殊性，就应该认可其成交价格方面的另类表现。滚动结算之所以出现，与国内金融立法在付汇核销上的严格限制是分不开的，并非企业故意为之。

但就一票货物的进口来看滚动结算，似乎符合间接支付的表面特征，但滚动结算与间接支付有着截然不同的原因和构成。看一项支付是否合理，是否构成间接支付，应该从一个大合同的高度，从定价公式的效力所及的时间段去分析，位置高了，角度广了，才能一目了然，不犯盲人摸象的错误。

滚动结算在国际贸易中不是个例，而是非常普遍，已经并且将长期存在，这是一种现实。按照海关估价的要求，似乎需要企业对每一次交易都作出准确及时的安排，这显然是不现实的，毕竟国家贸易不等同于我们上街买菜。不切实际的要求会增加企业的守法成本，也会让人质疑海关执法依据的合理性。作为国家的一个执法机关，海关执法导致的这种结果显然不符合国家的立法初衷。

第 八 章

关于特许权使用费

近几年来，很多企业尤其是大型生产性企业、中外合资企业、跨国公司及所属子、分公司在货物进出口通关海关审价过程中频频遭遇特许权使用费计入完税价格问题。有的几经交涉，仍额外缴纳不菲税款。更严重的情况是在通关放行、企业在正常进出口若干年后，海关对企业进行价格核查、稽查，认为企业特许权使用费漏缴税款，这时候的数额很可能是个天文数字。根据笔者的经验，遭遇特许权使用费困境的主要是机电设备、电子通讯、汽车、服装鞋帽、化妆品和药品等行业。

海关估价角度下的特许权使用费案件有一定的难度，其中不仅涉及法律问题，还涉及会计、逻辑、审计、工程、专业外语、专业商品知识等。这些知识都不是一两个律师能完全具备的，所以这类案件也不是一两个律师能独立完成的。这里只是从法律的角度谈谈对此类案件的认识。

一、什么是特许权使用费

先看国际公约，《WTO 海关估价协定》规定：为了使世贸组织成员国正确地运用海关估价协定，估价协定对本协定第 8 条第 1 款第 C 项的"特许权和许可费"进行了定义。估价协定第 8 条的有关注释如下：

（1）本款所指的专利许可费应包括对专利、商标及版权所支付的费用。但，在进口国内复制产品的费用不能加入进口货物的实付或应付价格中确定海关完税价格。

（2）如果进口商支付的是因取得在进口国国内转售或分销进口货物权利的许可费，只要这笔许可费不是所估货物向进口国出口销售的一项要件，那么该项支付不应加入进口货物的实付或应付价格中。

根据上述条款，海关估价委员会以列举的方式对"特许权使用费"进行了定义。"特许权许可费"应包括：（1）为专利支付的费用；（2）为商标支付的费用；（3）为版权支付的费用。同时有两种例外的情形：（1）在进口国内复制产品的费用；（2）因取得在进口国国内转售或分销进口货物权利的许可费，并且这笔特许权费不是所估货物向进口国出口销售的一项要件。

《审价办法》附则中将特许权使用费解释为：是指进口货物的买方为取得知识产权权利人及权利人有效授权人关于专利权、商标权、专有技术、著作权、分销权或者销售权的许可或者转让而支付的费用。

《中华人民共和国企业所得税暂行条例实施细则》第 7 条规定，特许权使用费收入，是指纳税人提供或者转让专利权、非专利技术、商标权、著作权以及其他特许权的使用权而取得的收入。

《中华人民共和国个人所得税法实施细则》第 8 条规定，特许权使用费所得，是指个人提供专利权、商标权、著作权、非专利技术以及其他特许权的使用权取得的所得；提供著作权的使用权取得的所得，不包括稿酬所得。

《中美双边税收协定》第 11 条规定："本条'特许权使用费'是指使用或有权使用文学、艺术或科学著作，包括电影影片、无线电或电视广播使用的胶片、磁带的版权，专利、专有技术、商标、设计、模型、图纸、秘密配方或秘密程序所支付的作为报酬的各种款项，也包括使用或有权使用工业、商业、科学设备或有关工业、商业、科学经验的情报所支付的作为报酬的各种款项。"

还有一些不具有法律效力但有一定权威的解释，如《不列颠百科全书》对"特许权费"（Royalty Fee）解释为："法律上指某些类型的权利所有人允许他人使用其权利而收取的费用。这些权利包括文学、音乐和艺术品的版权，发明设计的专利权及矿床（包括原油、天然气）的所有权。"

本书不是纯理论研究著作，作者也不是书斋中埋头思考的教授，无意就此概念追问不舍。仅罗列出一些解释来，供读者自行评判。不过在笔者看来，《中美双边税收协定》中规定得较为详细准确。在涉及自己利益的立法上，美国人抠字眼的能力让人甘拜下风。

值得说明的是，并不是所有的特许权转让或使用许可都会产生特许权使用费，例如在 BOT 项目融资过程中也涉及特许权的使用许可，但未直接产生特许权使用费。BOT 是英文 Build-Operate-Transfer 的缩写，直译为建设—经营—转让。以公路建设 BOT 方式为例，政府通过签订合同的方式向私人机构颁布特许，允许其在一定时期内筹集资金建设某一基础设施并管理和经营该设施及其相应的产品和服务。政府对其适当监控，但保证私人机构的利润。特许结束后，私人机构将设施移交政府管理。英法海底隧道、香港特别行政区的东区港九海底隧道等一批耗资巨大的项目都是以 BOT 方式集资建设并投入运营的。这些特许权的转让和许可使用并未产生特许权使用费。

二、特许权使用费的海关估价依据

WTO 估价协定

第八条 如果买方支付的价格中没有包括下列费用，海关应当将其计入成交价格：

1. 除购买佣金以外的佣金和经济费、货物的容器费以及包装劳务和材料成本；

2. 与进口货物的生产和销售有关的，买方免费或减价提供的协助的费用；

3. 作为被估货物的销售条件买方必须支付的，与被估货物有关的特许权使用费；

4. 卖方因买方转售、处置或者使用进口货物而直接或者间接得到的收益。

与大多数国家一样，我国《海关法》对于第二类费用，即可以进口国自由选择是否计入完税价格的费用，规定如果货物的价格中没有包括，应当将其计入完税价格。

国内相关法律法规层级较高的《关税条例》第 19 条规定：进口货物的完税价格，应当包括作为该货物向中华人民共和国境内销售的条件，买方必须支付的、与该货物有关的特许权使用费。

现在最主要的依据是 2006 年颁布实施的《审价办法》。

需要说明的是：《审价办法》颁布以前，海关关于特许权使用费的审价法规是相对健全的。最初是 1992 年颁布的《中华人民共和国海关审定进出口货物完税价格办法》（海关总署令第 33 号）和 1993 年颁布的《中华人民共和国海关关于进出口货物软件费征免税暂行办法》（署税〔1993〕15 号），2003 年 7 月，海关总署颁布实施了《中华人民共和国海关关于进口货物特许权使用费估价办法》（海关总署令第 102 号）（以下简称 102 号令），其中第 2 条规定：本办法所称特许权使用费，是指进口货物的买方为获得使用专利、商标、专有技术、受著作权保护的作品和其他权利的许可而支付的费用。第 3 条规定，同时符合以下条件的特许权使用费应当计入进口货物的完税价格：（1）与进口货物有关；（2）费用的支付作为卖方出口销售该货物到中华人民共和国关境内的条件。第 11 条规定，收货人在向海关申报进口货物的同时，应当如实向海关申报以各种方式支付的特许权使用费的情况，并同时提供客观可量化的数据资料。收货人支付的特许权使用费符合本办法第 3 条规定的，应当计入进口货物的完税价格，海关应当依据客观可量化的数据资料对特许权使用费进行审定，并确定进口货物的完税价格；收货人无法提供相关的数据资料，或收货人提供的数据资料无法进行客观量化的，海关应当依据《审价办法》的规定估定进口货物的完税价格。

《审价办法》颁布后，把原 102 号令的内容全面纳入《审价办法》之中，并作了一定的补充完善，主要是明确了纳税义务人承担客观量化证据和分摊依据举证责任的权利义务。

三、《审价办法》适用的难题之———分摊

在实际发生的诸多国际贸易特许权使用费案例中，只有很少一部分进口方在合同签订后一次性支付特许权使用费，绝大部分的支付并非如此简单。如根据进口货物在国内销售的销售百分比提成时，进口商所应支付的特许权使用费金额与进口货物的国内转售及收益有关，此时完税价格就不能在进口环节得到确认，海关也就不能确定特许权使用费应征税款，这些税款需要根据费用在以后若干年的实际发生情况分摊计算。

由于特许权使用费所包含的特许权内容复杂，包含专利权、

商标权、著作权和特许经销权等多种权利，其各自表现形式、支付的实现方式和特点各不相同，其分摊的难易程度也各不相同；另外，所支付的部分特许权使用费与进口货物有关或所支付的特许权使用费与部分进口货物有关，对此部分应税的特许权使用费如何进行分割同样也是海关面临的难题。同一贸易同一商品同一数额采用不同的分摊方式就会得到不同的税款数额。由于《审价办法》并未对分摊作出清晰的规定，从法理上讲，任何一种分摊结果都是合法的，即使各自最终计算结果的数额千差万别。

《审价办法》为避免海关在此问题实际操作中遭遇太多障碍和困难，把举证责任推给了企业，企业要提交客观量化的资料数据，协助海关确定税款。这种举证责任转移并不符合法律的基本精神：因为征税是海关的行政执法行为，海关需要自己证明自己的征税行为合法正确，管理相对人并无此义务。

分摊主要涉及以下三个方面比较难的问题：

一是费用分摊。分摊是对所有应计入完税价格的多项权利费用区分各个不同的权利性质，对相关权利费用的分摊应依据客观可量化的数据按照公认的会计原则来进行核算。

二是费用分割。分割即是在买方所支付的特许权使用费用只有部分费用应当计入完税价格的情况下，对不应计入的费用进行剥离。在估价实践中，费用的分割有两种情况，一是买方所支付的权利费用只有部分符合法规规定的要件；二是买方所支付的应计入完税价格的权利费用只涉及部分进口货物。不管哪种情形均应当对买方所支付的权利费用进行分割。

三是支付方式导致的时间性差异问题。由于特许权使用费有特定支付条件和计算方法，海关征收关税和进口环节增值税等流转税时，与国内税务的所得税会计原则和财务会计原则有着密切关系。海关税收征管方法和时间都需要有相应的调整规定。

那么，分摊应依据什么样的原则和标准呢?

《WTO 估价协定》在第 8 条第 1 款第（3）项明确：作为被估货物销售的一项要件，买方必须直接或间接支付与被估货物有关的特许权费，但须以尚未包括在实付或应付价格内的 R/L 为限。

《WTO 估价协定》第 4 条规定：加入实付或应付价格中的部分，只应按客观可量化的标准根据本条款规定予以计入。

根据上述两条规定，特许权使用费的分摊应当采用符合客观可量化的标准，并根据我国通用的会计原则进行核算，分摊到进口货物的完税价格中。

1. 客观可量化标准

《WTO 估价协定》所阐述的客观可量化标准的内涵主要是两个方面：其一是要求海关关员在估价时使用符合市场和商业惯例的客观量化标准的资料，而不是根据海关关员的个人经验进行主观臆断。其二是海关在采用客观可量化标准时，必须符合必然性和客观性的要求，即必须依据采用的估价方法和具体情况而定具体的估价标准。

就特许权使用费的分摊而言，客观可量化标准应当是符合费用支付实际情况的合理分摊标准，同时也应是符合进口国通用会计原则的方法。在这一前提之下，特许权使用费的支付金额应当是能够根据有关会计账簿记录和数据资料等，以进口货物为依据客观确定，同时根据客观数据资料所确定的特许权支付金额应当可以合理量化并分摊到进口货物中。

2. 通用会计原则

通用会计原则是指一国在某一特定时间内，关于下列内容的公认的一致意见或实质性权威支持：何种经济资源和债务应计为资产和债务，资产和债务的何种变化应予记录，如何衡量资产和债务及其变化，何种信息应予披露及如何披露以及应编制何种财务报表等。这些标准可以是普遍适用的概括性准则，也可以是详细的做法和程序。

对我国特许权使用费估价适用的会计原则而言，应当是在我国所普遍接受的会计准则、会计制度等对无形资产、债务和所有者权益等会计要素的定义，记录、计量、摊销和披露等规定、管理制度和方法等。我国现行的主要会计原则是权责发生制，即以实质取得收到现金的权利或支付详尽的责任权责的发生为标志来确定本期收入和费用及债权和债务。即收入按现金收入及未来现金收入——债权的发生来确认，费用按现金支出及未来现金支出——债务的发生进行确认，而不是以现金的收入与支付来确认收入费用。与此原则相对应的是现金收付记账法，根据这一会计原则，如特许权使用费分期按进口货物销售额或净利润提成支付时，只有在一个会计期间结束后，进口货物的成本、费用、销售收入和利润才能在相关的应收账款、预期收入和所有者权益等账户中得到体现，因此特许权费用的确定和支付通常只能发生在合同的会计期末，即在会计期末特许权费用才能达到客观可量化标准。

【案例一】

A 是美国某化妆品有限公司，其在华投资独资公司 B。双方在签订的"授权经销商协议书"中确定：批发方 B 应按净销售额的 5% 向供货方 A 支付技术服务费。该使用费主要包括三个方面：（1）商标权；（2）原材料、半成品及成品的专有技术（已涵盖在产品当中）；（3）B 工厂的生产技术。B 一般直接从 A 进口货物,即使从其他供应商购买货物,也都是通过 A 严格挑选和认证的,并向供应商提供技术和制造标准。产品生产出来后,B 使用 A 的商标在国内进行生产、销售,同时按照协议每月向 A 支付特许权使用费。

在此估价案例中,关于分摊方式,海关提出以进口半成品和成品的价值在全部进口货物中的比例计算完税价格。

企业意见是:特许权使用费的发生以半成品和成品加工后的国内销售总额为基数,而国内销售总额应该包括:国内价值和进口价值。进口货物成本在销售成本中的贡献比例相当于原料在销售额中的贡献比例,即进口货物成本/销售成本＝零售价中进口货物金额/销售额。由于 B 采取直销方式销售,因此储运、分拨、市场拓展和营销费用在销售总额中占了较大的比例,根据企业最初提出的分摊比例,进口货物在产品销售额中所占的贡献率只有1.31%,以此推出的特许权使用费完税价格也只有总支付额的1.31%。

海关和 B 经过多次磋商,最终按照进口半成品加工后的成品净销售额的5%计算应计入完税价格的特许权使用费,分摊公式为:完税价格＝销售的进口半成品、成品成本×支付的特许权使用费/公司销售总额。

这个5%不是一个数学算式得出的结论,也没有现实的资料数据支持,而是一个有中国特色的妥协的产物。

【案例二】

C 百货有限公司是 ARMANI、VERSACE、HUGO BOSS、DOLCE&GABBANA 等多个国际品牌服饰的进口代理商,其中4个品牌的进口服饰存在以商标费、代理权费、广告费等名义的对外支付。

　　该案费用分摊存在很大困难：每个品牌进口服饰有数千不同规格、不同款式、不同种类的商品，涉及数百个税号，企业对外支付一般是每半年或一年支付费用一次，费用如何对应分摊到每一项进口商品是一方面的困难；以外汇为货币单位支付的费用如何适用准确汇率折算为人民币则是另一方面的困难。

　　经过反复磋商，双方达成以下征税方法：对 D&G2008 年销售及商标费、ARMANI2008 年代理费、总部广告分摊根据 2008 年销售季进口时段确定对应进口报关单，然后由报关单电子数据汇总出 2008 年销售季关税完税价格总额、关税总额，计算公式为：

　　平均税率＝关税总额/关税完税价格总额

　　应征关税＝关税完税价格总额×对外支付比例×（关税总额/关税完税价格总额）＝关税总额×对外支付比例

　　应征增值税＝增值税总额×支付比例

　　HUGO BOSS 因 2008 年广告费不是按照进口货值的一定比例支付的，故直接按企业申请补税之日汇率折算为关税完税价格，并乘以该品牌 2008 年销售季平均税率，即算得应征关税、增值税。

　　D&G 广告费、支持费因以人民币支付，直接乘以该品牌 2008 年销售季平均税率，即算得应征关税、增值税。

　　根据以上公式海关共补征税款人民币 123 万元。

　　附：《欧盟海关法》关于分摊的立法，供读者比较借鉴。

欧盟海关法

　　14. 一般情况下，R/L 是在被估货物进口之后进行结算的。此时，根据《实施规定》第 257 （3）条，海关可以在此后再作出最终的估价决定。该估价决定可以在一段约定的时间内根据定期更新的结果进行全面调整。这是进口商与海关当局之间达成的协议。

15. 当一方所支付的部分 R/L 应被计入完税价格时，进口商与海关当局之间应当进行必要的磋商。

16. 有时，在特许权协议能够找到把全部 R/L 分摊为应税部分和不应税要素的分摊依据，例如在全部7%的 R/L 中，3%对应于专利权，2%对应市场营销诀窍（专有技术），2%对应商标使用权。然而更多情况下，分摊的依据不会像这样容易找到。有时，权利和专有技术各自的价值是通过评估专有技术转让或获益的程度来确定其金额并从实付或应付的全部 R/L 中扣除。

17. 应进口商和海关的共同要求，权利人通常可以就以其结算为基础的适当分摊依据进行说明。

18. 此外，通过对在拟定特许权协议或与特许权协议的谈判代表进行讨论之前发生的许可人与被许可人之间的信函以及公司内部谈判报告的审核，很可能发现乍一看似乎无法进行的分摊的依据。

四、《审价办法》适用的难题之二——补税申报

从实际发生的案例看，在企业对外签订的技术引进协议中，特许权使用费大多是根据企业产品年净销售总额按照一个约定的比例提取并对外支付的。因此，在货物进口申报时往往无法确定特许权使用费的具体金额。在进口环节，海关要么由于不知道此协议未要求企业申报，要么知道企业有此协议但因无法确定税额而未征税。在货物放行后一段时间以后（通常是一个会计期间），

企业产生了利润，同时也发生了特许权使用费对外支付，因而也就产生了纳税义务的时候，海关并无及时主动的强制措施，而只是依赖于企业主动以"后续补税"的方式申报（代码9700）。海关唯一的制约措施是通关部门将此线索反馈给稽查部门，稽查部门通过稽查的方式发现问题，要求企业补税。稽查部门由于人手有限，也未必能够确保税款应收尽收，无一漏网。

现在，有的海关为解决这一难题，会要求涉及特许权使用费的进出口企业在货物放行前以"自愿"方式缴纳若干保证金，金额大小企业"自愿"确定，每个会计期末费用实际发生时，以此保证金转缴税款，多退少补。由于此做法并未得到立法的授权，所以具体操作的海关都在强调"自愿"两字，在企业缴纳保证金的文书上会要求其写上"自愿"的字样，这样就能避免违法嫌疑。

五、《审价办法》适用的难题之三——"有关"

审价办法

第十一条

……

买方需向卖方或者有关方直接或者间接支付的特许权使用费，但是符合下列情形之一的除外：

1. 特许权使用费与该货物无关；

……

第十三条　符合下列条件之一的特许权使用费，应当视为与进口货物有关：

（一）特许权使用费是用于支付专利权或者专有技术使用权，且进口货物属于下列情形之一的：

1. 含有专利或者专有技术的；

2. 用专利方法或者专有技术生产的；

3. 为实施专利或者专有技术而专门设计或者制造的。

（二）特许权使用费是用于支付商标权，且进口货物属于下列情形之一的：

1. 附有商标的；

2. 进口后附上商标直接可以销售的；

3. 进口时已含有商标权，经过轻度加工后附上商标即可以销售的。

（三）特许权使用费是用于支付著作权，且进口货物属于下列情形之一的：

1. 含有软件、文字、乐曲、图片、图像或者其他类似内容的进口货物，包括磁带、磁盘、光盘或者其他类似介质的形式；

2. 含有其他享有著作权内容的进口货物。

（四）特许权使用费是用于支付分销权、销售权或者其他类似权利，且进口货物属于下列情形之一的：

1. 进口后可以直接销售的；

2. 经过轻度加工即可以销售的。

这里涉及"有关"的问题，即什么叫有关？有人认为，只要进口了货物，进口商也签订了技术协议并为此支付了特许权使用费，即可认定特许权使用费是否与进口货物有关；也有人认为，特许权使用费的支付必须能体现在进口货物上，未在国内生产、加工、经营管理等技术支付的特许权使用与进口货物无关。

仔细分析条文内容，可以得到如下信息：

（1）相关权利在进口环节已固化、包含或隐含在进口货物中。从专利和专有技术与进口货物有关的三种情况来看，进口货物在进口环节就已经附带了相关技术或专利，或者说专有技术和专利是附带或固化在进口货物中的。从商标权与进口货物有关的三种情况来看，进口货物在进口环节已包含或隐含有商标权：进口货物在进口环节是"附有商标的"，则进口货物与商标已合为一体，相关权利已在进口货物时显性体现；"进口后附上商标直接可以销售"、"经过轻度加工后附上商标即可以销售的"，则表明进口货物与其商标在进口环节是分离的，但商标权隐含在进口货物中，或进口后附上商标，或通过轻度加工后体现商标权。

（2）各种情形的标的指的都是进口货物。不管是含有专利或专有技术的、用专利方法或专有技术生产的、为实施专利或专有技术而专门设计或制造的，还是附有商标的、进口后附上商标直接可以销售的、进口时已含有商标权经过轻度加工后附上商标即可以销售的，指的都是"进口货物"应该具备的情形，而不是其他非进口货物。这一点很重要，比如进口通用零件在国内生产未具有上述情况的含有专有技术的设备，则尽管设备含有专有技术，但进口货物是通用零件而不是设备，对于进口货物——通用零件来讲并不具备上述情形。

（3）相关费用的支付所指向的商标权与进口货物所附带的商标权或暗含的商标权必须是一致的，即支付费用目的和进口货物所含的权利是一致的，才构成"与进口货物有关"。

六、《审价办法》适用的难题之四——重复征税

《审价办法》规定，对进口货物包含的特许权使用费征收相应的关税和进口环节增值税。1991 年 7 月颁布实施的《外商投资企业和外国企业所得税法》（以下简称《所得税法》）规定，外商投资企业和外国企业在中国境内取得的其他所得（指利润、利息、租金、转让财产收益、提供或者转让专利权、专有技术、商标权、著作权收益以及营业外收益等所得），依照《所得税法》征收所得税。《所得税法》是对外商投资企业和外国企业在中国境内有关收益征收所得税的规定。两部法律或法规虽然层级不同，征税对象与目的不同，但是在关于特许权使用费的税收征管方面存在着关联性，并可能因不同的法律适用引起同一笔特许权使用费在海关和国税局被重复征税的问题。如根据目前国家税务法和会计制度规定，汽车进口企业将特许权使用费按照服务费用处理，在非经常贸易项目下对外付汇，不是按经常项目下正常进出口的对外付汇，上缴 10% 的预提所得税后（营业税减免），对外付汇，海关如对此笔服务费用征税，则造成同一笔费用两次征税。

【案例】

某海关在对 A 企业进行稽查的过程中，发现企业对外支付特许权使用费共计 100 万元人民币，海关认为这些特许权使用费的支付符合规定，应当计入进口货物的完税价格，故决定对企业追征相应税款。

A 企业认为，进口货物是单纯的一个行为，是一种货物的流

转行为，对这一行为应当征收流转税，无论是增值税或者是营业税，只能征收其中一种，就算是混合销售行为，根据《中华人民共和国增值税暂行条例实施细则》第5条规定，一项销售行为如果既涉及货物又涉及非增值税应税劳务，为混合销售行为。除本细则第六条的规定外，从事货物的生产、批发或零售的企业、企业性单位和个体工商户的混合销售行为，视为销售货物，应当缴纳增值税；其他单位和个人的混合销售行为，视为销售非增值税应税劳务，不缴纳增值税。比如家电零售行业除了卖家电还负责送货上门（收费合并在销售价格里面），那也只能征收增值税而不能另外征收营业税。如果海关决定征收进口环节的增值税，那么国内税务机关应该退还所缴纳的营业税，如果不能退还所缴纳的营业税，那么海关不应征收进口环节的增值税，国家不能对同一种应税行为既征收增值税又征收营业税。企业对外支付的特许权使用费已经向国内税务机关支付了营业税和企业所得税，海关再征收进口环节的关税和增值税是属于重复征税。

对此意见，有的海关仍坚持征税，理由是营业税、所得税和海关代征税的收税主体、法律依据、纳税义务人不同，两者并不冲突。

七、《审价办法》适用的难题之五——轻度加工

《审价办法》附则对"轻度加工"的解释为：指稀释、混合、分类、简单装配、再包装或者其他类似加工。

这个简单的解释能够解决现实中的一小部分问题。如有的案件，企业从国外进口散装药片，经过简单的包装后在国内销售，

这时认定轻度加工自然没有什么大的争议。

有的时候则不然，如发生在广州的某案件，企业进口没有商标的化妆品半成品，在国内销售前需要在公司进行后续加工，这部分加工包括：加热、灌装、贴标签、盖面印刷和装箱。海关对于认定这道手续究竟是深度加工还是轻度加工出现了分歧。

上述"稀释、混合、分类、包装"等在不同的行业有着不同的意义，如看似简单的稀释在有的行业需要较高的操作技巧，对产品质量起着至关重要的作用，这里的稀释就不应该视做"轻度加工"。

有人将轻度加工与深度加工区分的标准设定为价值增值程度，这是有道理的。但究竟增值多少是轻、深的分界线，不仅海关，即使在具体行业内部也没有明确的标准。

在估价实践中，因为没有客观标准执行，轻度与否通常取决于执法关员的主观判断。这就导致了同样货物同样加工在不同海关不同时间不同关员就会有不同的处理结果，这不是一个法治社会应有的现象，但这是现实。

第 九 章

长期合同，以多晶硅进口审价为例

2009 年下半年，我接手了一起 A 公司进口多晶硅海关估价的案件，其中涉及国际贸易中长期合同进口价格与海关估价方面的问题，很多问题比较典型，有着比较强的代表性。这里我们用一定的篇幅对这个案件及涉及的相关法理进行分析，希望能对关心这个问题的读者有所启迪，对正陷入类似纠纷茫然无绪的当事人提供一点不成熟的建议。

一、案件

2009 年 1 月，A 公司向中国某海关报关进口美国产多晶硅一票共 16 个货柜，单价 47. 3 美元/千克。海关经审查认为：企业申报价格远远低于海关掌握的价格，海关拟不接受企业申报，予以估价。同时，海关调出了三年来该企业在全国海关进口多晶硅的全部报关单数据，发现审价价格都程度不同地低于海关参考价格，于是决定：对三年中所有已经进口的多晶硅予以估价补税。据企业初步核算，需补缴税款约人民币 2. 1 亿元。

海关不认可审价价格予以估价的主要理由是：企业申报价格为 47. 3 美元/千克，而当时国际市场正常价格为 155 美元/千克。企业申报价格明显不合理。

对此，企业的解释是：2005 年，A 公司作为中国乃至世界上最大的多晶硅用户之一，与全世界多晶硅领域的传统七大供应商（MEMC、SGS、Asimi、Mitsubishi、Hemlock、Wacker、Tokuyama）之一的某公司签订了五年的长期供货合同，企业申报的价格是长期合同约定的价格，是真实的。

企业随后向海关提交了该份《长期供货协议》。

海关审查了该份证据，仍然认为申报价格不符合成交价格条件，应予估价。理由是：

（1）该《长期供货协议》中约定：买方同意支付一笔金额为1500万美元的无条件不可撤销的预付款。买方同意给予卖方对合同规定的产品和包括销售受益或货物保险在内的受益享受持续的担保物权。同时，在"所有权保留条款"中规定：卖方对销售给买方的货物仍保留独家的财产权，直到买方付清所有与此项交易有关的债务。据此，海关认为：上述条款使成交价格受到了无法确定的条件或者因素的影响，故申报价格不符合成交价格条件。

（2）《长期供货协议》中有很多很不符合常理的条款，无限扩大卖方权利，增加买方义务，买卖双方并不处于同等位置，合同的签订没有体现任何公平的原则，不符合《WTO 估价协定》中规定的交易公平的原则，所以其价格不符合成交价格条件。

（3）《长期供货协议》的价格与海关掌握的市场价格差别太大，单纯凭此协议仍难以释清海关的怀疑。

（4）《长期供货协议》第 1 条规定：买方应将本产品用于生产之目的，未经卖方书面同意，不得转售，也不得成为本产品的经销商。

海关不认可申报价格的理由主要就是以上四点，理由很多，但仔细剖析，都站不住脚。在详细解释以前，让我们先了解一下长期合同的基本知识。

二、长期合同及其特点

长期合同指在国际贸易中，买卖双方就某一项商品签订的长期供货协议，协议价格一经确定长期有效，不受市场短期价格变化影响。

与现货价格相比，中长期合同定价有以下特点：（1）中长期合同贸易双方资信程度好、企业规模大且双方存在中长期贸易关系；（2）以中长期合同方式成交的货物一般为常见的大宗散货，如矿砂、石油等；（3）中长期合同对一定时段内供应的货物批次及数量均作出明确规定；（4）中长期合同具有较大的稳定性，除非存在较大的瑕疵，双方均信守约定执行；（5）中长期合同价格波动较市场价格行情平缓。

长期合同主要可以分成以下四类：

（1）进口合同期限较长（3～11年），有巨额预付款条件，预付款比例达合同总金额的 10%～20%，金额从 500 万美元到 1 亿美元不等。

（2）合同期限较长（5年），有巨额银行保证金条件，原料价格以确定的定价方式调整。

（3）合同期限相对较短（1～3年），有进口原料出口产品的互售条款，部分合同有返销产品的巨额预付款支付。

（4）合同期限短（1年以内），无巨额预付款，以 T/T 方式支付货款。

三、WTO 及美国海关对 "中长期合同定价" 方式海关估价的有关规定

（一）WTO 对于《中长期合同定价》海关估价的有关规定

WTO 估价委员会《评议 4.1》价格复审条款规定：

"在商业实践中，有些合同可能包含价格复审条款。有复审条款合同中的价格只是暂定的，最终的应付价格是根据合同规定的某些因素确定的。这种情况会以各种不同的方式发生。"

"进口货物的成交价格以货物的实付或应付价格为基础。……因此，在订有价格复议条款的合同中，进口货物的成交价格应以按合同规定的最后的实付或应付总价为基础。由于进口货物的实际应付价格可以依据合同规定的数据资料为基础确定，本评议所述类型的价格复审条款不应构成使被估价货物的价值无法确定的条件或因素。"

评议最后指出："如果在估价时价格复审条款已发生，实付或应付价格可以确定，则不存在估价难题。如果价格复审条款与某些变量有关，而这些变量在货物进口后一段时间才能起到作用，情况就不同了……即便在货物进口时不可能确定应付价格，价格复审条款本身不应妨碍根据《WTO估价协定》第一条成交价格法进行估价。"

（二）美国海关对于"中长期合同定价"海关估价的有关规定

美国海关法允许进口商和外国卖方采取中长期合同定价方式确定进口商品的交易价格。在确定进口商品的完税价格时，美国海关将不考虑商品实付或应付价格的生成方法。这种价格可以是折扣、涨价或（重新）谈判的结果，也可能是适用某一公式的结果，例如依商品出口当日伦敦商品交易所的牌价来确定进口商品的价格。

由于此种确定商品交易价格的方法或公式具有事后调整货价的作用，为减少他们对海关估价的影响，美国海关在实践中要求：（1）买卖双方必须在商品出口之前就已在合同中议定了这种定价方式或方法；（2）依该公式或方法确定或计算出的价格必须取决于某一个买卖双方均无法控制的因素、将来发生的事件或其他客观标准。

美国海关的裁定表明，在合同中规定有确定进口商品交易价格的公式或方法的场合，进口商不必在进口时就知悉或能够确定商品的最终交易价格。在具体操作上，海关会对报关及完税程序作适当的变通处理，如延期结税等。当然海关在这种场合会要求进口商按估税金额预交关税，结税时再依价格调整的结果多退少补。

美国海关通常不会无限期地拖延结税时间，所以买卖双方必须能够依照合同中规定的定价公式或方法在合理时间内确定进口商品的最终交易价格，否则海关可能会因为合同中未具体载明商品价格而必须采用"成交价格"以外的方法对进口商品估价。

以上叙述表明：WTO 和美国海关均认为：符合海关规定的中长期合同定价方式是可以被海关接受的，并且可以采用"成交价格法"进行估价。

我国海关对中长期合同定价审核没有统一的法规予以规定，海关内部也没有就中长期合同的审价问题下发指导性文件和意见，各地关海在审查中长期合同价格时常常出现差异，有时甚至是比较大的差异。同样的价格在一地海关被拒绝，在另外一个海关就有可能被接受。有的企业很"聪明"地利用了这一差异，有目的地选择口岸报关，造成海关所称的"税往低处流"的现象。

四、对案例中海关四个理由的剖析

（一）关于《长期供货协议》中的担保物权和所有权保留条款

2008 年在某海关还发生过一个类似的案例：宁波某电子有限公司（以下称 D 公司）在从事进料加工过程中将部分原料予以内销，该批进料加工内销货物属于该公司与外商签订的 5 年期多晶硅合同项下的货物，该合同以 60 欧元/千克的单价成交，长期合同成交数量共计 331.3 吨，该公司为此支付了 331.3 万欧元的巨额保证金（相当于总合同货价金额的 1/6），在多晶硅按月进口时，相应保证金金额冲抵该批货物 1/6 的货款。海关审查认定，该巨额保证金的条件导致该合同项下的进口多晶硅成交价格受到了不可确定因素的影响，该合同价格不符合成交价格的定义，海关应予估价。最后，海关按同类货物成交价格对该合同项下的内销多晶硅估价补税 195 万元。

海关认为：在进口商提交的合同文本中包含有物权担保和所有权保留条款，上述条款的意义在于以多晶硅的所有权附加条件转移来担保卖方对多晶硅债权的实现，该担保条件得以实现的前提即是支付巨额保证金（其后冲抵为相应的货价预付款）。根据《审价办法》第 8 条第 1 款第（2）项规定："进口货物的价格不得受到使该货物成交价格无法确定的条件或者因素的影响"。故当事人的申报价格不能被认定为成交价格。

中国硅行业企业众多，每年从国外进口多晶硅的数量雄踞世界首位。而从绝大多数国际硅交易来看，买方向卖方支付巨额保证金已成为惯例，如果上述海关的意见是正确的，那么这一决定将波及国内整个硅行业。但被估价的仍然是少数，难怪当事人有情绪的同时还纳闷：海关选择估价的标准是什么？

对物权担保条款和所有权保留条款应如何认定？它的性质是什么？是否影响到成交价格的认定？

下面先举一个典型的物权担保条款和所有权保留条款的例子。

某合同物权担保条款（Interest Securities）如下："买方同意给予 Wacker 对合同规定的产品和包括销售收益或货物保险在内的收益享有持续的担保物权，直到：（1）所有当前或以前的产品的货物款项全部支付；（2）确保卖方执行权利所需的迟付款的利息、法律费用；（3）买方完全支付给卖方所产生的任何成本、费用、税以及其他费用"。"为担保供货数量，买方应在合同规定日即向卖方支付总金额 300 万欧元作为预付款（为合同 5 年内总货款的 1/6），以保证进口商每月按期履约。"

该合同所有权保留条款如下："卖方对销售给买方的货物仍保留独家的财产权，直到买方付清所有与此项交易有关的债务。"

在法律上，担保物权是指为确保债务的清偿而于债务人或者第三人的特定物或权利上成立的一种限定物权。担保物权具有两方面的作用：一是确保债务的履行。一方面，在债务人或他人财产上存在的担保物权，客观上具有迫使债务人积极履行债务的功效；另一方面，当债务人不能履行债务时，债权人可以行使担保物权而变价担保标的物，以其变价金优先清偿债权，相当程度上避免或者减弱了债权受偿不能的风险。二是促进资本与物资的融通。担保物权以其物权优先品质确保债权受偿，成为企业从事社会融资和交易的最佳手段，从而促进资本与物资的加速流转和循环。

所有权保留是一方当事人保留交易标的物的所有权以担保另一方当事人价金债务之履行的行为。按照分类，属于一种非典型担保物权。所有权保留是发生在买卖关系中的一种物的担保形式，是在经济发达国家得到普遍适用的一种信用制度工具，是分期付款买卖担保价金债务履行的最佳方式。它具有缓解买受人资金短缺、担保手续简便、交易迅捷等优点。

欧盟法律规定，所有欧盟成员国都必须允许约定所有权保留，即在买方支付价款之前由卖方保留出卖物的所有权。如《德国民法典》第455条规定："动产的出卖人在支付价金前保留所有权的，在发生疑问时应认为，所有权的转让是以支付全部价金为其推迟生效的条件，并在买受人对支付价金有延迟时，出卖人有权解除合同。"

各国法律关于所有权保留的基本含义是：卖方已经将货物交付给买方，但买方尚未付清货款，在此种情况下，卖方在交付标的物之前，继续享有所有权，直到买方付清价款，买方即使已经支付了部分价款，但其所有权仍只有在最后一笔价款付清之后才自动发生转移。此条件仅限制所有权转移，不涉及买卖合同。

从上述介绍中我们得知：所有权保留制度在西方国家是合法的，受到法律保护，这一制度也没有违反《联合国国际贸易销售合同公约》的原则；同时该制度仅是对所有权移转的限制，并不涉及买卖合同本身。

由此我们得出结论：既然海关审查的是进口货物的成交价格，成交价格又来源于买卖合同，所有权保留条款与合同无关，当然也与价格无关，不能成为海关估价的理由。

（二）关于预付款

一些海关认为：为保证该合同标的物完整所有权转移的实现，买方在合同订立之初，需要履行向卖方支付巨额预付款的条件，并承担由该笔预付款而引起的任何成本、费用、税及其他费用，包括预付款的融资利息等其他成本和费用。另外从物权保留及预付款的作用看，卖方能够合法地享受该笔预付款所能带来的投资收益，或者用该笔款项来投资生产合同标的物，这笔预付款相当于用作扩大产能或生产合同货物的长期无息贷款。由此可以判定：进口货物的价格受到了使该货物成交价格无法确定的条件或因素的影响。

在讲述预付款是否影响到成交价格之前，我们先来了解一下预付款。什么叫预付款？它与其他概念有什么异同？

预付款是在国际贸易合同履行前进口方预先给付出口方的款项。预付款是国际贸易中一种常见的付汇方式，它降低了出口方出售货物后回笼资金的风险，同时减轻了资金负担，因此无论是在国际贸易还是国内贸易中都普遍存在。我国《合同法》等相关法律也对这种支付进行了肯定。预付款支付的比例并没有法定的标准，一切基于买卖双方在具体交易中的谈判。

预付款不等于定金。根据我国《担保法》的规定，定金是指合同当事人为了确保合同的履行，依据法律规定或者当事人双方的约定，由当事人一方在合同订立时或者订立后履行前，按照合同标的额的一定比例（不超过 20%），预先给付对方当事人的金钱或其替代物，作为债权担保的一定数额的货币，它属于一种法律上的担保方式，目的在于促使债务人履行债务，保障债权人的债权得以实现。定金的主要作用体现在定金罚则上：如果是支付定金的一方违约，即丧失定金的所有权，定金归收取定金的一方所有，如果是收受定金的一方违约，除返还支付方支付的定金外，还应支付给支付方与定金相等数额的钱款。

预付款与定金都是在合同履行前一方当事人先给付对方的一定款项，具有预先给付的性质，在合同履行后，都可以抵作价款或收回，这是两者的相同之处。

两者的区别主要是：（1）定金的主要作用是担保合同的履行，是合同担保方式，而预付款的主要作用是为接受预付款的一方解决资金上的困难，使之更有条件按合同规定适当履行，属于履行的一部分；（2）交付定金的协议是从合同，而交付预付款的协议是合同内容的一部分；（3）定金除了担保作用外，还具有证明合同的作用，当事人对合同是否成立产生争议时，法院或仲裁机构查明是否有定金交付即可判断合同是否成立；而预付款不具有合同成立的证明力；（4）定金只有在交付后才能成立，而交付预付款的协议只要双方意思表示一致即可成立；（5）定金一般为一次性交付，而预付款可分期支付。

那么，预付款条款是否影响到了成交价格？回答是否定的。预付款只是交易双方货款支付的一种方式，是合同的组成部分，与成交价格无关。事实上，在很多国际贸易中都存在预付款问题，但从来没听说哪票普通交易的报关单仅仅因为有预付款条件就被质疑、被磋商、被审价。多晶硅贸易的预付款条款和其他所有商品交易的预付款条款有着一样的目的、性质、内容和作用，只不过金额稍大。但金额的大小什么时候成了海关审查成交价格的考察要件？如果真的以金额大小来衡量成交价格，那么究竟多少是界限？1个亿、5000万、100万、2万、2块还是5毛？

（三）《长期供货协议》不公平

一些海关认为：在多晶硅市场及技术垄断条件下，多晶硅长期合同是偏离市场公平交易原则的长期合同。买卖双方在谈判过程中，并非是根据公平、自愿和平等的交易原则达成合同条款，受到了诸如市场、技术、融资、货物交付和所有权转移等多种因素的影响。因而，该合同达成的价格条件不符合《WTO 估价协定》中要求的"公平、客观与统一"原则。所以该多晶硅长期合同的成交价格条件不符合《审价办法》的相关规定，海关应予以估价。

这个理由是值得商榷的。

一个国际贸易合同公平与否，最有发言权的就是交易双方。只要双方主体平等，都有民事权利能力和民事行为能力，交易过程中一方没有对另一方进行威胁、欺诈，或利用对方的无知蒙蔽，利用对方特殊困难胁迫，交易内容是双方真实的意思表示，交易行为符合法律规定，交易对象在实际中和法律上可行、合法，那么这个交易就是公平的，应该受到法律的保护。这里的公平指的是交易规则上的公平，而不是交易结果上的公平。举个通俗的例子：我和姚明比赛篮球，我理解的公平就是一样的篮球场，同样高度的篮球架，同样质量和弹性的篮球，基本同样的篮球鞋（当然姚明的鞋可能是美国产的价值 1000 美元的阿迪达斯品牌，我穿的是价值 50 元人民币的河北农村产山寨版阿迪达斯品牌），同样的犯规规则。在这样的前提下结果可能是 100：0，姚明赢了。这个结果让人不爽，但不能说这场比赛不公平。我可以找出前提不公平的因素：我身高一米七五，姚明身高两米二九，他能轻易盖我帽，我只能举着竹竿盖他帽。但这个前提不是比赛不公平的理由，因为比赛参加者的自身条件在比赛前就已经固定了。

回到硅行业的长期合同。《长期供货协议》里面有许多对买方苛刻的条款，尤其是卖方是处于强势的西方国家的企业，买方是处于弱势的我方企业，手拿条款，一百年前的屈辱和梁子涌上心头，我也有一百个理由说这协议不公平。但我说的"不公平"是从道德角度评价的，对于它的法律效力我不敢有任何质疑。一个合同，不管内容多么的奇怪，多么的不公平，只要交易双方选择了它，就有选择它的道理，法律也好，外人也好，就应该尊重人家的选择。生意场上大家都是理性的人，都有着趋利避害的本能，你看着不公平的条款，说不定人家正偷着乐呢。前几年中国钢铁企业跟国外的铁矿石大供应商淡水河谷、力拓、必和必拓从来没签过什么长期协议，没接受过那些苛刻条款的盘剥，有需求的时候都是现货买卖。按理说很公平了吧？但别人一块钱能买来的东西，你就得花十块钱。现在大家都聪明了，都去签长期合同。因为大家明白：在生意场上，成本利润是判断成败与否的唯一砝码。

退一步讲，即使海关认为这个协议不公平，国内的买方受了委屈，那么你就应该想方设法在职权和法律规定的范围内予以照顾啊！实在照顾不了也可以在道德上给予声援。可偏偏海关去估价，要国内买方多交额外的税款，这不是雪上加霜吗？

（四）关于限制转售条款

海关认为：《长期供货协议》限制进口商在货物进口后转售，不符合《审价办法》第 8 条第 1 款第（1）项的规定，构成了买方处置和使用进口货物受到限制。

这个理由乍一看有点道理，但实际经不住推敲。

《审价办法》第 8 条的确规定了买方进口后对货物的使用和处置不能受到限制。但问题是：是不是只要有任何限制，成交价格就不可接受？当然不是。这条后面有个说明："对货物成交价格无实质性影响的限制除外。"

那么怎么看待出口方 A 公司的这种限制？

（1）对于像 A 公司这样的生产型企业来说，进口原材料的主要目的就是生产成品，然后销售成品，而不是进口原材料后倒卖。也就是说：A 公司是生产商而不是贸易商，倒卖进口原料不是一种正常的状态。出口商正是基于 A 公司是生产商这一事实才与其签订长期协议，在协议中约定货物进口后进行生产而不是倒卖是符合常理的。换句话说：如果进口货物的是个中间贸易商，这时协议中的限制销售条款才是一种对成交价格有实质影响的限制。

（2）出口商给予 A 公司的价格是长期协议价格，价格肯定与短期合同不同，在近几年比短期合同价格低。如果进口商临时起意不用于生产而是倒卖，获利肯定快，但会冲击出口商在中国的发展计划，所以出口商对其转售进行限制。如果 A 公司擅自转售，出口商会依照合同的约定追究其违约的法律责任，不会对成交价格有任何影响。

（3）反过来说：如果长期协议中没有转售的限制反倒是海关估价的法定理由。因为如果市场价高于长期协议价，进口商以低价进口，稍微加价后倒卖，是否造成了出口商的利益受损且不论，至少造成了国家税款的损失。海关可以认定：进口商形式上执行长期合同，但实质是短期合同，故不接受长期合同价格。

（五）A 公司长期协议价格低于海关掌握的参考价格

在反驳这个观点之前我们先了解一下硅行业的特点。

全世界的多晶硅行业在多年的竞争淘汰中只剩下了七家供货商（前文已经列举），客户主要来自半导体行业。在 20 世纪末以前，多晶硅供求稳定，价格波澜不惊。20 世纪 90 年代末，受 IT 行业疯狂发展的影响，全球对多晶硅产生巨大需求，价格上涨。七大供应商为利益所驱使，不同程度地投入资金进行了扩产。不料风云突变，2001~2002 年间，网络泡沫破裂，多晶硅市场需求锐减，扩产后的七大供应商仓库原料堆积如山，亏损与日俱增，价格也跌入低谷。2004 年全世界太阳能市场飞速发展，硅需求变大，价格在短短的六个月内就上涨一倍，七大供应商原料都出现了供不应求的场面。但鉴于几年前惨痛的教训，七大供应商都对扩产持谨慎态度，坚持只有在长期充分稳定的市场保障的条件下才会考虑扩产。这种态度最终演化成目前在全球多晶硅市场上经常见到的条件非常苛刻的《长期供货协议》。

《长期供货协议》条件苛刻，仍挡不住蜂拥而至的购货者。于是签订《长期供货协议》的资格也变得苛刻，七大供应商各自遴选客户，均要求有一定规模、信誉、发展前景、生产能力等，尤其重要的是：这些协议客户不得是中间商，只能是生产商。

选定客户之后，七大供应商与其签订协议，价格的确定经过双方的多次博弈（其中购货方处于明显弱势，有供方市场的原因，也有购货方一盘散沙不能团结一致的因素。当然这是个人揣测，如属胡说业内人士也不必动怒），也考虑到了以下几点：

（1）签订协议时的国际市场价格。如 2001~2003 年间，太阳能级多晶硅销售价格在 23 美元/千克左右，2005 年则接近 50 美元/千克。

（2）对未来价格的预期。不同的商家对同一商品未来的价格走向会有不同的判断。

（3）协议的有效期限的长短和规模。

从上述分析来看，长期协议的价格是一个固定的价格，在协议有效期内，市场行情起起伏伏，有时会高于这个价格，有时会低于这个价格，从利益角度看，双方都有风险，都有点赌的性质。正如这个案件中外方出具说明中表述的"虽然近期多晶硅市场价格较长期协议价格要高，但依据我们的判断和分析，两到三年后随着供需缓和，价格会逐渐下降，最终低于长期协议价格。所以我们坚信我们签订的长期协议是公平的，对双方也是合理的。"

对本案来讲，购货方满意（因为比市场价要低），销售方认可（有稳定的需求，且从长期看并不吃亏），合同是双方真实的意思表示，成交价格得到双方明确认可。这有什么可怀疑的呢？

我们可以举个反面例子：既然短期市场价格高于长期协议价格，个别海关就要怀疑长期价格，要估价，那么如果短期市场价格低于长期协议价格了呢，个别海关如何作为？也许个别海关这时会严格审查短期合同进口商，查查他们是不是签订了长期协议，或者干脆以长期协议价格进行估价。

另外，前文我们已经讲到：海关审价不是比价，参考价格不能作为执法的依据。这个道理已经讲透，这里不再赘述。需要说明的是：即使海关一定要拿着内部参考价格去比价，双方也要有可比性。我进口的长期协议价格，那么你就拿着你内部掌握的长期协议价格去比较，看是否合理，是否正常。你不能拿着短期合同价格去比我的长期合同价格吧？

正是察觉到个别海关的这些偏差，海关总署 2004 年曾发文强调：实际成交价格上海关估价的基本原则，各关在估价实践中都应充分遵循这一原则。各关在审价时应区分长期合同和现货合同的不同情况，合理审慎地审核长期合同的成交价格。

五、结语

对多晶硅这种进口量大、价格变动剧烈、定价方式复杂多样的商品，海关审价的确有一定难度。我们在工作中也了解到，一些极个别的企业虽然签订了《长期供货协议》，但在实际操作上却很"灵活"，时价比长期协议价格低了就用短期合同申报；时价比长期协议价格高了就用长期协议价格申报。海关有时候也很难分清真假。

现在海关对这个问题也在研究，提高审价的技能。一个做法是要求企业把长期合同备案，海关定期进行价格核查，这个核查不一定仅针对一个企业，也有可能针对整个行业。还有人提出要参照印度海关的做法，对某类商品制订一个税则价格。无论企业具体成交价格多少，都必须以税则价格作为完税价格征税。印度海关的这个做法貌似违反了《WTO 估价协定》的规定，但多年来 WTO 也没找印度的茬儿。对这个提议我国官方反应冷淡，本人也不看好。中印两国在政治、经济、军事、综合地位等几乎所有方面都不在一个级别（也许足球例外），两者根本没有可比性。对于印度海关的一些奇招怪拳，咱们围观一下可以，照搬就不必了。

通过这个案件我有一个启示：无论是国际贸易，还是海关估价，单个的企业都是弱势方。这种弱势不仅表现在发言的力度上，还表现在资料的收集、经验的多寡、谈判的技巧、证据的取舍、权利的救济等多方面。一个比较好的解决办法是依托行业协会，一个团结紧密、运作高效、活力四射的行业协会，作用非常重要。这种协会千万不要把它的作用局限在信息沟通平台这个层面上，甚至庸俗成吃吃喝喝闲扯淡的平台，如果真正发挥好了，作用会非常大。

第 十 章

关联交易相关问题剖析

买卖双方的贸易是否属于关联交易，从海关估价角度看绝对是一个大问题。它不仅关系着估价程序启动的概率，还关系着企业在估价程序中权利义务的界限、举证责任的有无、行政诉讼的成败，在有的案件中甚至关系到当事企业的兴衰存亡。所以，我们有必要专章介绍关联交易。

一、概念

关联交易，简单地说就是有关联关系的公司之间的交易。那么什么叫关联关系呢?《公司法》第 217 条的解释是，关联关系，是指公司控股股东、实际控制人、董事、监事、高级管理人员与其直接或者间接控制的企业之间的关系，以及可能导致公司利益转移的其他关系。但是，国家控股的企业之间不仅因为同受国家控股而具有关联关系。

关联企业是经济发展的产物，其存在及发展有利于优化资源配置，取得规模经济效益，推动整个社会经济的发展。对关联企业自身而言，其优势更加明显：公司间人员、资金调度方便，商业信息获取快捷，并通过将相当一部分外部交易内部化，防止本身各种优势，尤其是技术优势的丧失和扩散，又能减少交易成本，提高企业的运营效益和盈利能力，增强其整体的市场竞争力，最终达到利润最大化的公司经营目标。

但一个硬币有着正反两面，关联交易也有着另一面。在实务上常有控制公司利用从属公司从事不利益之经营，导致从属公司及其少数股东、债权人遭受损害。更有甚者，则由控制公司操纵交易条件、调整损益、从事不合营业常规的交易，以达逃漏税之目的，影响从属公司之正常经营。因此，对关联企业有必要予以适当的法律规制，遏其恶，扬其善。对关联交易的限制性规定主要体现在《公司法》中。如第 21 条规定："公司的控股股东、实际控制人、董事、监事、高级管理人员不得利用其关联关系损害公司利益。违反前款规定，给公司造成损失的，应当承担赔偿责任。"第 125 条规定："上市公司董事与董事会会议决议事项所涉及的企业有关联关系的，不得对该项决议行使表决权，也不得代理其他董事行使表决权。该董事会会议由过半数的无关联关系董事出席即可举行，董事会会议所作决议须经无关联关系董事过半数通过。出席董事会的无关联关系董事人数不足 3 人的，应将该事项提交上市公司股东大会审议。"

二、什么样的情况构成"关联"

《审价办法》第 16 条以列举的方式规定了关联的几种情况：

审价办法

第十六条　有下列情形之一的，应当认为买卖双方存在特殊关系：

（一）买卖双方为同一家族成员的；

（二）买卖双方互为商业上的高级职员或者董事的；

（三）一方直接或者间接地受另一方控制的；

（四）买卖双方都直接或者间接地受第三方控制的；

（五）买卖双方共同直接或者间接地控制第三方的；

（六）一方直接或者间接地拥有、控制或者持有对方5%以上（含5%）公开发行的有表决权的股票或者股份的；

（七）一方是另一方的雇员、高级职员或者董事的；

（八）买卖双方是同一合伙的成员的。

买卖双方在经营上相互有联系，一方是另一方的独家代理、独家经销或者独家受让人，如果符合前款的规定，也应当视为存在特殊关系。

而根据《关联企业间业务往来税务管理规程》的规定，以下情况构成关联：

关联企业间业务往来税务管理规程

第四条 税法实施细则第五十二条和征管法实施细则第三十六条所称"在资金、经营、购销等方面，存在直接或者间接的拥有或者控制关系"、"直接或者间接地同为第三者所拥有或者控制"、"其他在利益上具有相关联的关系"，主要是指企业与另一公司、企业和其他经济组织（以下统称另一企业）有下列之一关系的，即为关联企业：

（一）相互间直接或间接持有其中一方的股份总和达25%或以上的；

（二）直接或间接同为第三者所拥有或控制股份达25%或以上的；

（三）企业与另一企业之间借贷资金占企业自有资金50%或以上，或企业借贷资金总额的10%是由另一企业担保的；

（四）企业的董事或经理等高级管理人员一半以上或有一名

常务董事是由另一企业委派的；

（五）企业的生产经营活动必须由另一企业提供的特许权利（包括工业产权、专有技术等）才能正常进行的；

（六）企业生产经营购进原材料、零配件等（包括价格及交易条件等）是由另一企业所控制或供应的；

（七）企业生产的产品或商品的销售（包括价格及交易条件等）是由另一企业所控制的；

（八）对企业生产经营、交易具有实际控制的其他利益上相关联的关系，包括家庭、亲属关系等。

对比两个规定可以发现，后者比前者更加精细，更有操作性。比如关于控制，《审价办法》只强调"直接或间接控制"，《关联企业间业务往来税务管理规程》却将控制细化到多少比例构成控制。如果在估价诉讼中海关认定构成"控制"从而有关联关系，但企业认为不构成控制，《关联企业间业务往来税务管理规程》这时可以作为一个参照。

三、海关估价层面上的关联交易

从企业经营角度看关联交易，益处很明显：合同纠纷概率大大减少，信用风险低，投入成本少，受到广大企业青睐。在国际贸易中，一些公司利用关联交易进行避税或者逃税，主要手法有：

（1）大型跨国公司运用集团内部转移定价的形式规避市场价格行情上涨带来的关税成本。采取此种方式避税的进口企业一般都是跨国集团驻中国的分支机构，交易的境外供货方是其母公司或集团内部的兄弟公司，交易价格则是由集团内部的定价政策确定的。很多情况下，交易的结算往往是通过集团内部的企业资源计划系统完成的，交易各方对与该笔交易有关的任何定价均没有决定权。此时，定价政策有意或无意地与市场公平定价原则相悖，将会导致海关税收的流失。

（2）境外生产企业以极低的毛利率向境内存在特殊关系的贸易公司销售货物。采用这种方式进口的货物通常在市场上具有排他性，即专利或特殊的工艺使该货物的生产只能由有限的制造商来完成，因此，作为进口商的境内贸易公司从货物的转售中能获取畸高的利润率，而从功能分析的角度，高额利润应由掌握专利或生产工艺的生产企业获得，即应当包含在进口货物的成交价格中。

（3）部分企业利用特殊关系掩护实施价格瞒骗。这种做法常见于规模较小的台资或港资背景的进口企业。这些台商或港商在境内设立公司时不直接以出资人身份出现，而通过同一家族或有利害关系的境内自然人作为企业法人和名义上的投资者，公司通常以总代理或总经销的身份在境内从事进口货物的转售业务，其从事价格瞒骗主要手段就是由境外母公司源头洗单。

正是因为关联交易存在诸多问题，从海关估价角度看关联交易，难免会得到额外的"关照"：同样的商品同样的时段同样的价格同样的品质同样的交易双方，有无关联关系在审价方面却有着不同的待遇，当然并不是说只要有关联关系的交易肯定被估价，但假设别的交易被海关用肉眼审查两分钟，关联交易会被用放大镜审查三个小时。海关具体审查操作程序可能有：（1）利用海关价格资料库查找相同或相类似商品的价格资料；（2）向关税职能部门发送价格咨询单，协助在全国范围内查找该类商品的进口记录、审价记录或价格行情；（3）通过关税部门向专业公司发送价格咨询单收集价格、了解国际市场价格行情；（4）稽查企业往来账目。

四、企业如何举证

在关联交易场合，海关可以无需任何证据对企业的成交价格提出质疑，要求企业证明自己的成交价格未受关联关系影响。根据《审价办法》第 17 条的规定，买卖双方之间存在特殊关系，但是纳税义务人能证明其成交价格与同时或者大约同时发生的下列任何一款价格相近的，应当视为特殊关系未对进口货物的成交价格产生影响：（1）向境内无特殊关系的买方出售的相同或者类似进口货物的成交价格；（2）按照本办法第 22 条的规定所确定的相同或者类似进口货物的完税价格；（3）按照本办法第 24 条的规定所确定的相同或者类似进口货物的完税价格。海关在使用上述价格进行比较时，应当考虑商业水平和进口数量的不同，以及买卖双方有无特殊关系造成的费用差异。

这些证据的获取均存在一定的难度。如第一条规定，向境内无特殊关系的买方出售的相同或者类似进口货物的成交价格。很多跨国公司在各国设立子公司，并在全球范围内通盘考虑生产经营，很多时候不是各子公司各自独立生产某一产品并独立经营独立购销核算，而是这个公司负责这道工序，那个公司负责那道工序，原材料的采购和成品的销售都发生在集团内部，不与集团外部公司发生任何商业关系。这种情况下企业虽然明明知道自己的成交价格是真实的，但苦于无证可举，不得不接受审价。

其实，上述三个要求可以用一个词概括：市场行情。海关要求的是：无论你的成交价格是什么，都不能和市场行情相悖，都得在市场接受的合理区间内。

五、两个与关联交易有关的估价案例

【案例一】

自 2002 年 7 月以来，A 企业一直以 CIFUSD550/T 的价格申报进口液体溴。2004 年，海关以液体溴市场行情上涨但企业申报价格仍然不变为由对企业启动估价程序。企业解释：因其购买数量大，国外供应商给予了一定的价格优惠。海关不接受这个解释，并进行进一步调查，并认为：

（1）买卖双方存在特殊关系。

A 企业是由中方和外方各自出资 50% 成立的合资企业，其国外投资方是液体溴的供应商 B 的全资子公司。因此，A 也是液体溴供应商 B 的子公司。海关认为：根据《审价办法》第 42 条第 1 款（3）的规定，A 企业与国外 B 公司作为液体溴的买卖双方之间存在特殊关系。

（2）A 公司与国内无特殊关系的企业购买液体溴存在价格差异。

B 公司是目前我国进口液体溴最大的境外供应商。根据购买数量的不同，B 与国内进口商一般采用 2~3 个月签约 1 次的定价方式，其中与长期购买其产品的厂家也存在 1 年签约 1 次的定价方式。海关发现：2003 年 B 公司共与 2 家国内进口商签有 1 年期的销售协议——2003 年 4 月与 C 公司签约，价格为

CIF567.5USD/T，但 2004 年 2 月提前终止合同，理由是价格远低于液体溴当时的价格行情；2003 年 6 月与 D 公司签约，价格为 CIF680USD/T，1 年期。而 A 公司自 B 公司购买液体溴的价格由 A 公司董事会会议决定。2002 年 7 月，A 公司董事会决定 A 公司自 B 公司进口液体溴的价格为 CIF550USD/T。2003 年年底液体溴的国际市场价格约为 CIF760USD/T。而在 2002 年年底和 2003 年年底 A 公司董事会会议决议，2003 年和 2004 年继续执行原价格不变。海关认为：在自 2003 年下半年起国际市场液体溴价格持续上涨的情况下，B 公司不对 A 公司销售价格进行调整，且 2004 年全年继续维持原价格的定价策略与销售给国内无特殊关系的公司的定价策略不同。对此 A 企业的解释是：虽然国外供应商以此较低价格供货，但利润仍然丰厚。另外，A 公司自成立以来一直亏损，双方股东出于扶持该公司的考虑，希望其年终财务报告中能够实现盈利，以鼓舞员工士气。

根据上述事实海关认定：买卖双方存在特殊关系，且成交价格受到特殊关系的影响，应予估价。这个案件以企业最终多缴税款人民币 230 万元结案。

这个案件是一个比较典型的特殊关系影响成交价格的案件。海关的认定是正确的，证据也基本扎实充分。企业一开始的辩解尚符合逻辑，但不能解释国外供应商向国内其他公司销售价格与本公司价格的差异。其实这种差异也并非无从辩解，不同的时间不同的背景不同的交易对象成交价格必然会有不同。

【案例二】

某化工公司于 2009 年 3 月 7 日向海关申报进口卡塔尔产甲醇一批，数量 5250 吨，申报价格为 CIFUSD180/吨，海关审核后，发现其发票日期为 3 月 3 日，迟于 2 月 20 日的装船日期，不符合贸易惯例。同时，收货人 C 公司与卖方香港 D 公司从字面上看有相同关键词，怀疑可能存在特殊关系。

海关向进口企业发出《价格质疑通知书》。企业承认双方为关联企业，发票日期的异常则是双方长期默认定价模式的体现，即以货物到港前一周的易贸网行情作为进口价格，并根据这一时间点和价格开具发票、做账等。企业否认其特殊关系影响成交价格，理由是长期申报价格都符合行情。

海关要求企业提供卖方与无关联关系的供货商之间的合约。企业最初以商业机密为由拒绝提供，但最终屈服，提供了香港 D 公司与无关联关系的供应商所签合约等资料，经审核，其定价方式为公式定价，实际结算价与申报价格存在倒挂。

海关调查认为：某化工公司和 C 公司是香港 D 公司在中国大陆成立的全资子公司，所有采购程序、采购价格都是按照香港 D 公司的指令来完成的。因此本案中的买方接受香港 D 公司的控制。按照《审价办法》第 16 条第 1 款第（3）项规定，一方直接或间接地受另一方控制的，应当认为买卖双方存在特殊关系。

"特殊关系"是否影响成交价格？

根据《审价办法》第 48 条规定，如果海关"认为买卖双方之间的特殊关系影响了成交价格时"，则海关可以要求当事人对于其特殊关系是否影响成交价格作出解释，以证明其成交价格未受到特殊关系的影响。如果当事人无法举证的，或者无法提供客观、可量化数据的，则海关可以认定其特殊关系对于成交价格产生了影响，不接受其申报价格。

某化工公司否认了特殊关系影响成交价格，并出具了书面材料解释和说明：（1）某化工公司、C 公司、香港 D 公司虽存在特殊关系，但均自负盈亏、独立核算；（2）香港 D 公司销售给某化工公司的价格是在货物到港前一星期左右按照易贸网上的行情来确定的。其申报价格能反映其货物到港时的国际市场行情。

海关没有接受上述解释，理由是：根据某化工公司提供的材料可以发现：香港 D 公司与供应商公司价格的确定是以 2009 年 1 月 16 日 ICIS 的报价为基价来确定开立信用证的价格，最终以船到中国港口当月的 ICIS 四个星期的平均价格的 94.5% 作为结算价格。据此该批货物的最终结算价格为 CNFUSD194.91/吨。而香港 D 公司销售给某化工公司的价格是按照货物到港前一星期左右易贸网上的行情来确定的。根据当时的行情，该货物的申报价格为 CIF USD180/吨，成交价格存在倒挂。

由此，海关认为，由于买卖双方存在特殊关系，特殊关系企业间的内部转移定价政策或定价方法与香港 D 公司和无特殊关系方的供应商的定价方法不一致，造成出口商在交易中处于不利的地位，违反了公平交易的原则，其形成的价格不符合成交价格条件，成交价格无法充分反映香港 D 公司购买甲醇的成本、费用和销售利润。因此，海关认定本案价格构成受到了特殊关系影响，不符合《审价办法》第 8 条第（4）项的规定，应进行估价。

海关估价的主要理由是香港供货方高价买入低价卖出，不符合贸易惯例。其实这个理由也是可以反驳的。无论是香港 D 公司与最初供货商的合同，还是香港 D 公司与某化工公司的合同，其定价方式均非固定价格，而是依照网上某一时点的行情确定。这一时点的价格有可能高于企业当初购入货物的价格，也有可能低于购货价格，也就是说：对香港 D 公司来讲，既有机遇（赚取较高利润），也有风险（高买低卖），但买卖双方同意这样的定价方式，法律自当尊重。交易结果的"不公平"是当初双方自由选择的结果，是其真实的意思表示，公权力似乎无权干涉。尤其是作为进出口货物的监管部门的海关，更无权以"结果不公平"为由不认可这桩交易。

第 十一 章

疑点和破绽

　　每年我国进出口贸易共有多少票？我没有统计过。不过以 2010 年为例，海关全年征收关税一万多亿元，以综合税率 21% 计算，货值六七万亿元。这么大的货值，全年几千万票的进出口量还是有的。但海关 2010 年全年审价三十多万票，也就是不到 1% 的比率。

　　为什么这 1% 票会被海关审价？或者说：这 1% 票与其他票有何不同？下面我们将就一些案例具体说明，希望能对一些进出口企业有所启迪，能够在贸易之初，事先对一些应申报未申报或不应申报却多余申报的项目依法及时增减，避免自己的合法权益受损，也避免因海关审价耽搁货物的进出口。

一、保险金的破绽

　　2009 年 2 月，某公司向海关申报进口一套制罐生产设备，卖方为我国台湾地区某公司，申报价格为 USD404000。

　　海关经审查材料认为：

　　（1）申报单证不符常规。

　　该批货物的合同为简式合同，买卖双方既没有约定成交方式、运输时间以及详细的责任、义务条款，成套设备订购合同中常见的技术参数指标、安装调试等内容也未在合同中体现。

　　（2）保险金额明显不符商业惯例。

　　合同中没有约定成交方式，而某公司向海关申报时却申报了 CIF 成交方式，进口商提供的投保单据显示，投保方为卖方公司，受益人为国内的某公司，保险单的保险金额为 USD566940。一般情况下，企业购买的保险金额约为申报价格的 1.1 倍，但该票报关单的保险金额是申报价格的 1.4 倍，不符合正常的比例关系。

综合上述情况，海关发出《价格质疑通知书》，要求某公司对上述疑点进行解释。

结果：海关查明，某公司只支付了 80% 货款，另 20% 货款由第三家公司支付。海关运用成交价格方法对企业估价，征税 19 万元。

二、不符合贸易惯例

A 公司代理 B 公司向海关申报进口注塑机，海关经研究发现：

（1）企业申报价格偏低，比其他企业在其他口岸进口的同型号注塑机的申报价格低 10 ~ 15 万元/台。

（2）企业贸易流程不符合惯例。

A 公司受 B 公司委托与香港 C 公司签约购买的日本产注塑机是香港 C 公司向日本该品牌总公司在香港的分公司签约购得，而香港分公司以厂价售出，并按售价 10% 的比率收取生产厂商佣金。该批货物进口后 B 公司将其卖给了国内 D 公司。对 B 公司而言，增加贸易的中间环节意味着增大其成本，该种贸易流程不符合贸易惯例。

（3）传真号码增加了疑点。

海关审核企业提供的资料包括 B 公司与 D 公司的合同、香港 C 公司与该品牌香港分公司的订单、该品牌香港分公司的发票以及注塑机相关的技术说明文件等。海关从单证顶末端的传真机号码发现，上述单证为 B 公司与 D 公司两家公司之间的传输，而从贸易惯例来讲，D 公司不应得到 B 公司与香港 C 公司以及香港 C 公司与该品牌香港分公司的有关合同。

结果：海关查实企业漏报保险费、进口杂费、包装材料费等 184 万元，补税 33 万元人民币。

三、不符合基本常识

2005 年 3 月，某贸易公司向海关申报进口台湾地区产桶装异丁醇 134.4 吨，申报价格为 USD650/吨。

海关经审查申报价格，发现：

（1）企业申报价格与同期异丁醇的价格行情相比出现了价格倒挂现象，即桶装异丁醇的价格比散装异丁醇的价格还低。

（2）企业申报价格与同期其他公司进口桶装异丁醇的价格 USD800/吨相差较远。

（3）某贸易公司与香港贸易商的合同为一年期 5000 吨的大合同，价格固定且没有具体定价条款，一年都执行同一价格，不符合化工行业的贸易惯例。

（4）企业提供的单证较为简单，有些重要单证如全程提单等无法提供。

结果：海关以 USD800/吨的价格进行了估价。

四、首次进口敏感商品

2010 年 1 月，某公司向海关申报进口高尔夫球杆共计 308

根，申报原产国为日本，从香港进口，申报单价为 FOB
352.9HKD/根，总价为 108715HKD。该批进口高尔夫球杆规格型
号众多，共涉及 71 种规格型号，从最低的 180HKD/根到最高的
787HKD/根，价格不等。

因为此货物系首次在该关区进口，且货物系奢侈品，税号为
95063100，2006 年国家调整了该税号商品税率，在进口环节加征
10% 的消费税，使该商品综合税率提高到 50%。因此海关对此票
货物给予重点审核。

海关从不同品牌、系列、星级货物的不同价格入手，重点审
查，查阅了日本和国内所有高尔夫球杆网站，走访了高尔夫球杆
专卖店，发现企业申报价格不合理，遂启动案件调查手续。

结果：缉私介入，某公司补税 8.3 万元。

五、发货日早于签约日

2008 年 10 月 22 日，某公司向海关口岸预报进口一票巴西产
铁矿约 44 000 吨，申报价格为 CIF 湛江 USD187.70/DMT，总货值
约 800 万美元，合同签约日期为 2008 年 9 月 24 日，合同基础价
格为 CIF 湛江 USD188/DMT（含铁量 65.8%）。按该票铁矿进口
合同及国际贸易惯例，待卸货口岸确定数量及质量后再进行最终
结算，海关收取了保证金，等待企业提供最终结算发票再进一步
处理。

2009 年 5 月 28 日，某公司向海关提交该票货物的补充合同
及最终发票。补充合同（签于 2008 年 10 月 24 日）对原合同的
价格条款等内容进行了修改，由原基础价格 CIF 湛江 USD188/

DMT（含铁量 65.8%）修改为一口价格 CIF 湛江 USD80/DMT，并据此出具最终商业发票（日期为 2009 年 5 月 25 日）。企业以尊重贸易事实为由，要求海关按照补充合同和最终商业发票金额征收税款。

海关认为有如下问题：

（1）签约日与运抵日间距时间短。

原合同签订于 2008 年 9 月 24 日，而货物在 2008 年 10 月 2 日就运抵湛江口岸，前后共 9 天。9 天内不可能把一船铁矿从巴西运抵到湛江口岸。

（2）货物提运发货日早于签约日。

该票铁矿在 2008 年 8 月 29 日已签发提单发运货物。也就是说，在该票铁矿在合约签订之前的 20 多天，已装船由巴西驶向湛江口岸。

（3）补充合同降价幅度有违常理。

按照通常贸易习惯来看，合同签订后，双方都会按照事前定下的合同条款来执行。若由于某种原因导致买卖双方按原合同条款执行有困难，为使合同顺利执行下去，双方会作出相应的让步，通过签订补充合同来对原合同某些条款进行修改，但往往让步的幅度不会太大。从该票货物来看，价格由原来的 USD188/DMT 降至 USD80/DMT，其让步的幅度过大。

结果：海关审价，某公司补税 403 万元。

六、逆势降价

2008 年 7 月 3 日，某公司向海关申报进口一批喷墨打印机，申报数量为 1344 台。该批喷墨打印机为专供电脑用（打印速度：黑白 20 张/分钟、彩色：16 张/分钟），主要功能：打印、复印、扫描。申报价格为 FOB28.63 美元/台，原产地为越南。

海关认为：该公司于 2008 年 7 月 1 日向海关申报进口的同型号喷墨打印机价格为 33.38 美元/台，从 7 月 3 日开始，申报同一型号的价格突然降至 28.63 美元/台。降低幅度过大，时间过短，不符合国际贸易常识，且 7 月份美元不断贬值，越南经济出现危机，此价格非常不合理。

结果：海关启动价格质疑程序，某公司最终补税 458 786 元。

七、同一产品不同价格

A 公司是日本 B 株式会社于 2002 年在我国国内设立的全资子公司，其出口成品全部返销日本。

海关发现：2004～2005 年该公司向海关申报进口金属模具，申报价格为 10 万日元/套。该公司 2004～2005 年共进口金属模具 9 批次，计 91 个。2004 年第一次进口模具是以"外资设备物品"贸易方式进口，价格高达每套 100 万日元以上，其后两次是以暂时进出方式申报进口金属模具，申报价格每套仅 10 万日元，部分到期按时出口，其余转一般贸易方式征税，余下的 6 批次均以一般贸易方式进口，申报价格都为每套 10 万日元。

结果：A 公司补税 92 万元。

八、曲线市场，直线价格

某公司多年来一直向海关申报进口美国产未曝光医用 X 光感光胶片和医用激光胶片等大轴胶片，进口后再分切、包装。2005年 5 月，海关对该公司进行稽查，发现了以下问题：

（1）某公司与出口商存在特殊关系。

（2）进口货物申报价格长期不变。近年来胶片的主要原材料白银和涤纶片基的国际市场价格一路走高，胶片价格理应水涨船高，但该公司几年来申报进口的不同品种、不同型号、不同规格的胶片价格长期固定不变，而经过简单分切后在国内市场销售的胶片价格却因不同品种而差别悬殊。

（3）与同类货物比较价格偏低。

（4）海关通过对进口货物成本核算发现，进口胶片的申报价格低于货物成本，不符合商业惯例。从进口报关记录看，该公司曾经进口过生产感光胶片的主要原材料，如涤纶片基、硝酸银、明胶等。通过调取这些原材料的有关价格并与该公司进口的成品胶片申报价格比较后发现，撇开辅料、生产成本、生产费用和利润不计，仅主要原材料进口价格按适当的权重相加，就已高于该公司成品的申报价格。

结果：海关启动价格质疑程序，确认特殊关系影响了成交价格，补征税款 1189.77 万元。

第 十二 章

关于代理

在国际贸易中经常会出现代理销售的问题，主要有两种情形：其一，国外公司在国内设立代理商，全权代理其商品在国内或者国内某地区、某城市区域内的销售；其二，国外母（子）公司全权代理国内子（母）公司在国外原材料的采购。这两种进出口代理都会产生一个成交价格，这个成交价格是否能够成为完税价格？这种代理为什么会经常性地遭遇海关估价？问题的焦点在哪里？

以两个案例说明。

【案例一】

A 公司系日本 B 株式会社在我国国内设立的全资子公司，主要经营范围为生产、检测、维修精密轴承、精密机械零部件、微电机、计测仪器及部件、电子仪表等机电产品。日本 B 株式会社是世界上主要的小型轴承生产制造商之一，主要的产品为轴承制品等。2008 年，A 公司需向国外采购原材料和机械设备。根据日本 B 株式会社的规定，其遍布世界各地的子公司必须将购买要求或订单发至日本 B 株式会社的资材部，日本 B 株式会社汇总上述采购要求，集中与日本的各供应商进行谈判。日本 B 株式会社通过谈判确定实际采购价格后，再出具销售发票将货物销售给各个子公司。A 公司此次购买也按照此流程操作，即：A 公司根据生产销售计划或者设备采购计划向日本 B 株式会社发出询价要求，日本 B 株式会社在收到询价要求后向供应商询价，并将价格等相关信息传递给 A 公司，A 公司根据相关信息，向日本 B 株式会社发出订货单，订货单中具体说明需采购原材料或者机器设备的类型、数量，日本 B 株式会社根据 A 公司的订货单向日本供货商订货；日本供货商根据订货合同将货物发往日本 B 株式会社，日本 B 株式会社随后再将货物发往我国国内的 A 公司；A 公司对原材料进行检验，合格以后向日本 B 株式会社支付货款，支付的货款包括三部分，分别是日本 B 株式会社采购原材料的采购成本、采购成本的 2% 的佣金以及采购过程中发生的运费和保险费。

货物到达 A 公司指定口岸后，A 公司以日本供应商向日本 B 株式会社提供的价格向海关报关，并提供了相应合同、发票等材料。海关认为此货物存在两次交易。第一次交易为日本供应商与日本 B 株式会社之间的交易，第二次交易为国内 A 公司与日本 B 株式会社之间的交易，成交价格应以第二次交易为基础。故不接受企业申报价格，决定估价。

海关理由是：国内 A 公司是日本 B 株式会社在我国国内投资设立的全资子公司，直接受到日本 B 株式会社控制，根据《审价办法》第 16 条第 1 款第（3）项的规定，可以认定进口商与出口商符合"一方直接或间接地受另一方控制"的规定，两者构成关联关系。

根据《审价办法》第 34 条规定："海关有理由认为买卖双方之间的特殊关系影响成交价格时，应当书面将理由告知进口货物的收货人，要求其以书面形式作进一步说明，提供相关资料或其他证据，证明双方之间的关系未影响成交价格。"由于在此次交易过程中，出口商向进口商要求的利润水平低于该出口商的平均利润水平，海关怀疑成交价格受到了特殊关系的影响。

企业的解释是：《关税条例》第 18 条第 2 款规定："进口货物的成交价格，是指卖方向中华人民共和国境内销售该货物时买方为进口该货物向卖方实付、应付的，并按照本条例第十九条、第二十条规定调整后的价款总额，包括直接支付的价款和间接支付的价款。"《WTO 估价协定》第 1 条规定，进口货物的完税价格应为成交价格，即为该货物出口销售至进口国时依照第 8 条的规定进行调整后的实付或应付的价格。

日本 B 株式会社是 A 公司在国外的采购代理，其在国外的采购行为完全为 A 公司服务，且以向 A 公司销售为目的。其向 A 公司就第二次交易开具发票，只是出于双方财务清晰的考虑，不能改变其代理的性质。日本 B 株式会社向 A 公司收取的利润，实质上为买方佣金，其形式和实质均符合 WCO 估价技术委员会评论17.1《买方佣金》中的叙述，不应计入完税价格。

对于企业的解释，海关依旧不予接受。理由是：在第一次交易中，日本 B 株式会社采购的原材料和机械设备包含了全世界所有子公司的需求，这些即将发往世界各地子公司的原材料和机械设备是完全相同的，其中就包括向中国 A 公司发送的货物。也就是说，这些货物没有全部运往中国，也不能确定哪一批货物是属于发往 A 公司的货物。

根据法律的规定，"向中华人民共和国境内销售"是指海关估价中的成交价格应以导致货物向我国出口销售的交易为基础。如果供应商与出口商之间达成的交易可以明确地导致货物直接发往我国，或者该货物只能用于我国的最终消费，例如符合我国特殊的产品规范要求等，此时才能确定该交易符合了"向中华人民共和国境内销售"的条件。本案的具体情况不符合这一规定。

【分析】

WCO 估价技术委员会《咨询性意见 14.1》中"输往进口国的出口销售"的含义"指出，"销售并不必须发生在某个特定的出口国。如果进口商可以表明交易是为了把货物向进口国出口，那么成交价格方法就可以适用。"

但是，该咨询性意见进一步指出："只有涉及货物真正的跨国转移的交易才可以用成交价格对货物进行估价。"同时，该咨询性意见提供的范例也对此作出说明："位于 X 国的多国连锁酒店的总部购买经营用品，位于 I 国的连锁酒店向总部呈报购买经营用品的订单。总部把各连锁酒店的订单汇总，接着把订单分发给位于 X 国的各供货商。供货商就把经营用品直接运到各连锁酒店，或者先统一运至总部，再分运至各酒店。同样，供货商把账单寄往位于 X 国的总部，由其分寄给各连锁酒店。在上述范例中，位于 X 国的卖方与总部之间的销售并没有涉及货物的跨国转移，而仅是一项在出口国的国内销售。因为总部向供货商采购货物，然后再分销给各连锁酒店，把货物出口到各酒店所在的国家。在这种情况下，总部与各酒店之间的交易构成出口货运至进口国的销售。"上述分析都表明，只有一项交易导致了货物直接向进口国出口销售，才可用于成交价格的目的。

我国现有法律并未直接对代理采购导致的二次销售作出明确规定，这里不妨参考其他国家的做法。

美国海关在估价问题上遵循"首次销售规则"（The First Sale Rule），是指对于有外国制造商、中间商以及中间商的美国客户参与的三层次（或多层次）销售，如果交易满足了一定的条件，中间商为待估价商品付出的金额（即外国制造商对中间商的售价），而非进口商（中间商的美国客户）付出的金额，可以作为海关确定商品成交价格的基础。这个规则来源于"日商岩井（美国）公司诉美国案"的判例，案情大致如下：

1982 年 3 月，纽约市政府大都会运输局（MTA）与日商岩井（美国）公司签约购买 325 节 R62 型地铁车厢，单价（含运费、保费和进口关税）889 391 美元，总额近 3 亿美元。日商岩井（美国）公司将合同转让给母公司日商岩井株式会社。母公司委托另一家日本公司川崎重工（KHI）制造这批车厢，合同条款为

"FOB 神户"，车厢单价为 80 002 100 日元。这批车厢根据纽约市政府大都会运输局与日商岩井（美国）公司的合同规定的规格制造，只能在纽约市地铁系统使用，地铁车厢在以后几年内分 16 批进口到美国。日商岩井（美国）公司为前 120 节车厢报关时使用的是川崎重工对日商岩井株式会社的售价。在美国海关的要求下，剩下的 205 节车厢以日商岩井株式会社及日商岩井（美国）公司对纽约市政府大都会运输局的转售价报关。日商岩井（美国）公司将这一估价争议诉至美国国际贸易法院。

诉讼争议的焦点是川崎重工对日商岩井株式会社的销售是否构成"明确无误以美国为出口目的地"。美国国际贸易法院在一审中作出了有利于美国海关的判决，理由是日商岩井（美国）公司与纽约市政府大都会运输局的合同"最直接地促成该批货物出口到美国"。美国联邦巡回上诉法院在二审中推翻了一审法院的判决，理由是 1979 年《贸易协定法》并未表明国会要求海关在估价时进行调查，从而判定两个交易中哪一个最直接促使待估价商品出口到美国，因此一审法院的判决缺乏法律依据。

上诉法院认为，一旦确定制造商的售价和中间商的售价均属依估价法律可接受的成交价格，规则很明确：制造商的售价而非中间商对美国客户的售价应作为海关确定成交价格的基础。本案中的地铁车厢明确无误以美国为出口目的地，不可能再有其他的目的地；日商岩井株式会社与川崎重工也不是美国海关法意义上的关联企业，他们之间的交易是独立且公平的。所以海关应以外国制造商（川崎重工）对中间商（日商岩井株式会社）的售价作为确定成交价格的基础。

美国联邦巡回上诉法院在"日商岩井（美国）公司诉美国案"中确定了的"首次销售规则"，即：在涉及外国制造商、中间商和美国买方的三层次进口销售中，当待估价商品明确无误要出口到美国，且外国制造商与中间商之间的交易独立公平，未受到任何非市场因素的影响时，外国制造商的售价构成依照估价法律可接受的成交价格。上诉法院还指出，只有在两个依法均可接受的成交价格中需要作出合理选择时才适用首次销售规则。三层次销售中制造商的价格被人为降低时该规则并不适用。

该判例出现后，美国海关在此问题上的认定为：在通常情况下，美国海关仍将推定进口商（而非中间商）付出的金额构成进口商品的成交价格。要推翻这一推定可以适用首次销售规则，进口商有举证责任，须证明：（1）在中间商购买或签约购买待估价商品时，该商品"明确无误要出口到美国"；（2）中间商与他的卖方（如外国制造商）之间公平交易，交易价格未受到任何非市场因素影响。

我们回过头来看 A 公司和日本 B 株式会社之间涉及三方的两次交易。有两个问题需要关注：

（1）日本 B 株式会社是不是 A 公司的采购代理？

在此案的实际操作中双方均没有对这个问题进行深入的研究和争论。其实，对这个问题的不同回答决定着整个案件的走向。

在此案中，日方公司受中方公司的委托以自己的名义在日方采购货物，货物明确由中国公司使用，这明显属于《合同法》中规定的间接代理关系。至于货物销售方是否知道日方公司的这种受托人身份，或者日方公司和中方公司有没有明确的委托协议，都不对两者的代理关系产生影响。

一旦代理成立，采购佣金自然存在，按照规定也自当扣除。

（2）如何看待日方公司采购货物的成批问题？

海关认为：日方公司向日本供货商采购的货物并非仅仅向中

方公司销售，其中还有大量同样的货物销往世界其他地方。所以日方公司不构成以中国为目的的销售。

个人意见是：成批采购中是否有销往世界其他子公司的货物与本案并无直接关系，销往他方的货物自然有其他地方的合同和法律去规制和管理。重要的是：日方的确因中方的请求向日方供货商采购了这批货物，这批货物在采购前就已经确定要运往中国，日方公司在两次交易中都不是使用客户，它仅仅起到了中转的作用。举个例子：中方公司需要1000个轴承，意大利公司需要200个轴承，法国公司需要30 000个螺丝，这些需求都由日方总公司代理采购。首先可以排除的是法国公司需要的螺丝，这与中方公司的需求毫无关联。需要分析的是意大利公司的需求，日方总公司采购了1200个轴承，准备向中方发送1000个，向意大利公司发送200个，这些数量是早就确定的。对于种类物（相对于特定物）来讲，具体是哪个轴承送到意大利，哪个轴承送到中国，这有区别吗，重要吗？

【案例二】

C公司是香港D公司在我国国内设立的全资子公司，主营业务为进口甲醇等大宗化工品原料并在国内销售。C公司的进口计划由D公司安排。2008年，D公司向国外E公司采购一批甲醇，价格为CIF宁波430美元/吨（符合当时市场行情），目的港为宁波，发货方为E公司，收货方为C公司；一个月后，D公司与C公司签订买卖合同，将该批甲醇以CIF宁波395美元/吨的价格卖与C公司（符合当时市场行情）；甲醇运抵宁波后，C公司以CIF395美元/吨的价格向海关申报进口。

海关认为：买卖双方存在特殊关系，其成交价格没有真实地反映货物的成本、费用和销售利润，违反了公平交易的原则，不符合成交价格条件。此次贸易有两次交易，一个是香港方与供货方的交易，一个是香港方与国内方的交易，应以第一次交易为基准，并加上卖方公司的合理利润和费用作为进口货物的成交价格。

【分析】

这个案例和上个案例有相同的地方，也存在差异。相同的地方是：（1）都存在两次交易；（2）买卖双方都存在特殊关系；（3）事后都面临海关估价困境。不同地方是：两者表面的焦点不同，前者是是否构成代理和如何看待外方采购货物的非独有性，本案主要是特殊关系是否影响成交价格和合同是否公平。尤其令人注目的是：相类似的情节，海关在第一个案件中要以第二个交易为基准确定完税价格，在第二个案件中却要以第一个交易为基准确定完税价格，两个的理由都"很充分"。不同之中还有一个相同，就是海关选择的都是较高的价格。

关于特殊关系是否影响成交价格，企业的解释是：特殊关系没有影响成交价格。企业可以证明买方同期或大约同期向其他无特殊关系的买方也是以同样的价格销售同样产品。这个解释是很有力量的。

关于合同公平问题，我们上文曾经讲到，国际贸易上的公平并不是结果上的公平，而是程序上的公平，合同双方都没有利用自己特殊的地位和优势胁迫另一方签订违背其内心意思表示的合同。对于本案而言，由于市场行情在一个月内急剧变化，价格暴跌，香港卖方以原价甚至高价卖出才难以思议，如果真是这样，这才是真正的不公平。

这个案件真正的焦点仍然是代理问题，即卖方是否构成买方在国外的采购代理。如果构成，应以第一次交易的价格（即价格暴跌前的价格）向海关报关，即使这样做会多缴纳一些关税，理由可参见第一个案例的分析；如果不构成采购代理，两个交易是单独的，则应该以第二次交易中香港卖方向国内买方销售的价格作为申报价格。

一、关于全球采购中心的角色定位

当今世界很多大型跨国公司都设有采购中心，这些采购中心最初大多是公司内部服务于生产部门的采购部，后从公司脱离出来，成为一个独立的子公司，主要负责为公司的生产经营进行全球采购。采购中心一般有着完善的信息沟通系统和一批稳定可靠的供应商，为保证质量，采购中心还承担着监督管理供应商的职责。

在实际操作上，采购中心与进口经销商签订"买方代理协议"，与供应商签订"供应商管理协议"，根据买方订单联络具有资金实力及生产能力的供应商并告知决定采购的型号、批量和交货期，然后参与价格谈判，集中订单争取优惠价格。如买方受到第三方责任索赔，则协助买方向供应商提出追索以及协助买方向供应商退换质量问题产品。

根据《审价办法》第 11 条规定：以成交价格为基础审查确定进口货物完税价格时，未包括在该货物实付、应付价格中的下列费用或者价值应当计入完税价格：（一）由卖方负担的下列费用：1. 除购货佣金以外的佣金和经纪费。

流行的观点认为：根据进口经销商多与跨国采购中心签订的"买方代理协议"，采购中心系买方代理，故经销商向其支付的代理服务费不应计入完税价格。

但在实践中，有的海关认为这部分费用应计入完税价格，理由是采购中心与进口供应商签订的实际上不是委托代理合同（虽然合同名称如此），而是居间合同。

根据《合同法》的规定，委托合同是委托人和受托人约定，由受托人处理委托人事务的合同。委托合同的受托人以委托人的名义为委托人处理委托事务。受托人是代表委托人处理委托事务的，所以受托人处理委托事务时应以委托人的名义进行，发生的费用由委托人承担。

《民法通则》第四章第二节的民事代理中，仅仅规定了直接代理制度，即代理人以被代理人的名义与第三人签订合同。《合同法》第402条、第403条将代理扩展到间接代理，即代理人以自己的名义代理被代理人与第三人进行民事法律行为，其法律效果直接归属于代理人，代理人再根据委托协议与被代理人处理内部约定的权利义务。

根据《合同法》第424条的规定："居间合同是居间人向委托人报告订立合同的机会或者提供订立合同的媒介服务，委托人支付报酬的合同。"因此，所谓居间是指居间人向委托人报告订立合同的机会或者提供订立合同的媒介服务，委托人支付报酬的一种制度。居间人是为委托人与第三人进行民事法律行为报告信息机会或提供媒介联系的中间人。

代理人与居间人的区别在于：代理人以代理权为基础代理委托人进行民事法律行为，有独立的意思表示。而居间人并不代委托人进行民事法律行为，仅为委托人报告订约机会或为订约媒介，并不参与委托人与第三人之间的关系，居间人也没有将处理事务的后果移交给委托人的义务。简言之，居间人不得代委托人为法律行为，而代理人可以代被代理人为法律行为。另外，居间通常为有偿性质的行为，而代理还包含有无偿代理。

在实际操作中，采购中心受采购商的委托，以自己的名义与供应商进行谈判，谈判标的指向委托人，这显然是一种代理，更为确切的说法是间接代理。这种代理与居间合同中那种纯粹牵线搭桥的行为有着明显的区别，采购商支付给采购中心的费用显然属于购货佣金，不应计入完税价格。

二、题外的话

通过这两个案件的对比，颇令人生出一些感慨：在海关对进出口货物的价格监管中，较高的价格总是受到格外青睐，因为较高的价格意味着较高的税收。同样的规定，同样的规则，同样的口岸，同样的部门，同样的货物的情况下，不同的价格，不同的选择，同样"充足"的理由。这种做法似乎与执法的公平理念稍有差别，与生意场上的利益选择规则倒很贴近。

这样的困扰在发达国家不常看到，主要是因为这些国家的关税不具有很强的财政功能，国家的财政收入基本上不依赖关税，关税仅仅起到了调解和梳理的作用。海关的主要职能也与普通税务部门不同，仅侧重于国家安全、反恐、环保等方面。

我国这些年也在逐渐淡化关税的财政功能，关税整体的税率水平也在呈下降态势（刚写完这句话，上网一浏览，发现汽油柴油进口税大幅度降低，有的甚至降到了零关税，仿佛是专门为了证明我的上述判断）。不过降了再降之后，我国的关税税率仍然很高，关税的财政职能角色仍然没变。海关总署仍然在以税收作标尺去排名，衡量各关工作的成绩。

2010 年年底中国的外汇储备 2.85 万亿美元，2011 年是 3.181 万亿美元，中国已经连续多年外汇储备世界第一了。当我们面前是一大锅热腾腾香喷喷的猪肉炖粉条的时候，还有人真的会在意角落里那一小块炸馒头片吗？

如果将来某一天关税真的降下来了，海关估价随之消失了，问题和争议得到了彻底地解决，大家笑眯眯地去挣钱，这本书被扔到一个角落，上面落满灰尘。嗯，大家不看没关系，只要别像白云大妈的《月子》那样的待遇就行……

第 ⑩⑩ 章

有关运费的几个问题

随着改革开放的不断深入和经济社会的不断发展，中国不仅已经成为世界第一外汇储备大国，同时也是世界国际贸易第一大国（出口世界第一，进口世界第二）。在国际贸易繁荣发展的带动下，我国 2010 年又跃居世界第一造船大国和国际运输大国。

有国际运输就有运费，有运费就要有进口税款缴纳。与美国、加拿大等发达国家以 FOB 作为税基的做法相比，我国以 CIF 作为税基，其最主要的差别就在于运费是否计入完税价格。在 15 或 20 年前，这似乎不是问题，那时候运费占货物总的进出口成本的比例很低，折算成税款后更少，很多货主并不在意这一块。近十年来国际运输市场风云突变，运价飙升，其中个别大宗商品，例如铁矿砂、煤炭等的运费一段时间里竟占到货物完税价格的 30% ~45%，对货物的成本产生重大影响，货主也开始对运费的构成、是否应计入完税价格等问题关注起来，近年来因为运费问题导致海关估价和行政复议、行政诉讼的案件也不在少数。

这里我们利用一章的篇幅从海关估价角度探讨运费问题，努力厘清纷纭复杂的运费概念及诸多不同认识。同时鉴于滞期费问题涉及企业众多，影响面广，故单独阐述。

一、运费的种类和组成

远洋运输一般分为集装箱运输、干散货运输、油轮运输三种形式。其中集装箱运输主要用于下游制成品的运输，如汽车、电子产品、纺织品等，单位是 TEU（标准箱）；干散货运输主要适用于铁矿石、煤炭、粮食、水泥等上游初级产品的运输，单位为吨；油轮运输则主要适用于原油、液化天然气等。

按照海运运费计价方式的不同，可以主要分为班轮运输和租船运输，这两种运输方式运费的构成和计算方法是不同的。此外，海运运费还和货物种类有关，不同的货物种类运费也是不同的。

（一）班轮运输

班轮运输（Liner Service）最早出现于 1818 年的美国，指在固定的航线上，以既定的港口顺序，按照事先公布的船期表航行的水上运输方式。班轮运输适合于货流稳定、货种多、批量小的杂货运输。其特点有三：一是班轮运价内包括装卸费用，二是承托双方的权利义务和责任豁免以签发的提单条款为依据，三是承运人的责任一般是船舷到船舷或钩到钩。

集装箱散货及散货的班轮运费由基本费率和附加费两部分组成。

1. 基本费率（Basic Rate）

指每一计费单位（如一运费吨）货物收取的基本运费。

2. 附加费（Surcharges）

为了保持在一定时期内基本费率的稳定，又能正确反映各港的各种货物的航运成本，班轮公司在基本费率之外，为了弥补损失又规定了各种额外加收的费用。主要有：

（1）超重附加费（Heavy Lift Additional）。单件货物重量超过一定限度而加收的费用。

（2）超长附加费（Long Lenth Additional）。单件货物长度超过规定长度而加收的费用。

（3）选卸附加费（Optional Surcharge）。指装货时尚不能确定卸货港，要求在预先提出的两个或两个以上港口中选择一港卸货，船方因此而加收的附加费。所选港口限定为该航次规定的挂港，并按所选港中收费最高者计算及各种附加费。货主必须在船舶抵达第一选卸港前（一般规定为 24 小时或 48 小时）向船方宣布最后确定的卸货港。

（4）转船附加费（Transshipment Surcharge）。凡运往非基本港的货物，需转船运往目的港，船舶所收取的附加费，其中包括转船费（包括换装费、仓储费）和二程运费。但有的船公司不收此项附加费，而是分别另收转船费和二程运费，这样收取一、二程运费再加转船费，即通常所谓的"三道价"。

（5）直航附加费（Direct Additional）。非运往非基本港的货物达到一定的数量，船公司可安排直航该港而不转船时所加收的附加费。一般直航附加费比转船附加费低。

（6）港口附加费（Port Additional or Port Surcharge）。指船舶因需要进入港口条件较差、装卸效率较低或港口船舶费用较高的港口及其他原因而向货方增收的附加费。

（7）港口拥挤附加费（Port Congestion Surcharge）。有些港口由于拥挤，致使船舶停泊时间增加而加收的附加费。该项附加费随港口条件改善或恶化而变化。

（8）燃油附加费（Bunker Surcharge or Bunker Adjustment Factor）。指因燃油价格上涨而加收一绝对数或按基本运价的一定百分数加收的附加费。

（9）货币贬值附加费（Devaluation Surcharge or Carrency Adjustment Factor）。在货币贬值时，船方为保持其实际收入不致减少，按基本运价的一定百分数加收的附加费。

（10）绕航附加费（Deviation Surcharge）。指因战争、运河关闭、航道阻塞等原因造成正常航道受阻，必须临时绕航才能将货物送达目的港需增加的附加费。

（11）低硫燃料附加费（Low Sulphur Fuel Surcharge）。为弥补在新的硫氧化物排放控制区（SOx Emission Control Area，SE-CA）航行船舶使用低硫燃油所增加的成本而收取的附加费。

（12）ORC（Original Receiving Charge）"原产地接货费"。有船公司也称为 DTHC 或 THC（Terminal Handling Charge），就是"码头操作费"，也叫"码头处理费"。这是国际班轮公会和航线组织联合从 2002 年 1 月起向中国货主征收的附加费用。双方对此收费一直存在争议，且政府部门已介入调查。此费用目前在多数海关被认为是目的港货物越过船舷后产生的费用，不计入完税价格，但也有个别海关予以计入。

（13）"文件费"DOC。船公司对每一票货物都要收取的制作文件和文件流动的费用。

（14）滞期费（Liner Demurrages）。在航次租船合同中，当船舶装货或者卸货延期超过规定时间时，由租船人向船东支付的约定款项。

（15）旺季附加费（PSS）（Peak Season Surcharge）。这是在每年运输旺季时，船公司根据运输供求关系状况而加收的附加费，也称高峰附加费。这是目前在集装箱班轮运输中出现得较多的附加费用。

（16）冷藏箱的电缆费（ERC）（Export Reefer Railcar Cabling Charge），经铁路出口的冷藏箱的电缆费。一般为泛太平洋航线收取。

（17）废气排放附加费（CBL），主要针对经铁路到温哥华装船的货物。

（18）目的港特别税收附加费（CBD），主要针对经铁路到温哥华装船的货物。

（19）变更卸货港附加费（Alternational of Destination Charge）货主要求改变货物原来规定的卸货港，在有关当局（如海关）准许，船方又同意的情况下所加收的附加费。

（20）绕航附加费（Deviation Surcharge）。由于正常航道受阻不能通行，船舶必须绕道才能将货物运至目的港时，船方所加收的附加费。

（21）安全附加费，ISPS《国际船舶及港口设施保安规则》的英文缩写。某些港口为转嫁引进和执行此规则所增加的成本，而向货主收取的安全附加费。

（22）冬季附加费（WSC）（Winter Surcharge, Russia only）。一般是俄罗斯航线收取。

（23）苏伊士运河费（SUZ）（Suez Canal Transit Charge）。一般是经过苏伊士运河的航线收取。

（24）内陆燃料附加费（IFL）（Inland Fuel Surcharge at Loading Port）。内陆地点至出口港的燃料附加费，就进口而言，一般成交方式为 EWF（工厂/仓库交货）。

除以上各种附加费外，还有一些附加费需船货双方议定。如洗舱费、熏舱费、破冰费、加温费等，各种附加费是对基本运价的调节和补充，可灵活地对各种外界不测因素的变化作出反应，是班轮运价的重要组成部分。

目前国际运输市场上除了上述集装箱散货运输外，还有包箱运输，以每个集装箱为计费单位（俗称包箱价）。常见的包箱费率有以下三种表现形式：

（1）FAK 包箱费率（Freight for all Kinds），即对每一集装箱不细分箱内货类，不计货量（在重要限额之内）统一收取的运价。

（2）FCS 包箱费率（Freight for Class），按不同货物等级制定的包箱费率，一般低级的集装箱收费高于传统运输，高价货集装箱低于传统运输；同一等级的货物，重货集装箱运价高于体积货运价。

（3）FCB 包箱费率（Freight for Class 或 Basis），这是按不同货物等级或货类以及计算标准制定的费率。

（二）租船运输

1. 分类

租船运输指租船人向船东租赁船舶用于货物运输的一种方式。租船运输适用于大宗货物运输，有关航线和港口、运输货物的种类以及航行的时间等，都按照承租人的要求，由船舶所有人确认。租船人与出租人的权利义务以双方签订的租船合同确定。租船运输主要有定程租船和定期租船两、光船租船三种。

定程租船是以航程为基础的租船方式。船方必须按租船合同规定的航程完成货物运输任务，并负责船舶的运营管理及在航程中的各项费用开支。运费一般按货物装运数量计算，也有按航次包租金额计算。

定期租船指按一定时间租用船舶进行运输的一种方式。船方应在合同规定的租赁期内提供适航的船舶，并负担为保持适航的有关费用，在租赁期限内租船人自行调度和经营管理船舶。

光船租船严格来说是一种财产租赁，不具有运输承揽的性质。船舶所有人将船舶出租给承租人使用一定期限，但其提供的是空船，承租人需自己任命船长、配备船员，负责船员的工资和船舶的维护费用。

2. 租船运费的计算方法

承租合同中有的规定运费率，按货物每单位重量或体积若干金额计算；有的规定整船包价（Lumpsum Freight）。费率的高低主要决定于租船市场的供求关系，同时也与运输距离、货物种类、装卸率，港口使用、装卸费用划分和佣金高低有关。合同中对运费按装船重量（Intake Quantity）或卸船重量（Delivered Quantity）计算，运费是预付或到付，均须订明。

按照装卸费用不同支付方的情况，可以分为：（1）船方负担装卸费（GROSS OR LINER OR BERTH TERMS）；（2）船方不负担装卸费（FREE IN AND OUT—FIO）采用这一条件时，还要明确理舱费和平舱费由谁负担。一般都规定租船人负担，即船方不负担装卸，理舱和平舱费条件（FREE IN AND OUT, STOWED, TRIMMED—FIOST）；（3）船方管装不管卸（FREE OUT—FO）条件；（4）船方管卸不管装（FREE IN—FI）条件。

二、运费海关估价的法律依据及存在的一些问题

首先看国际条约。

《WTO 估价协议》作为唯一涉及海关估价的国际条约，在运费是否和如何计入完税价格问题上表现出了相当程度的宽容。其中第 8 条第 2 款规定，在制定法律时，各成员国应规定下列各项运费或相关费用是否全部或部分地包括或不包括在完税价格中：（1）将进口货物运输到进口港口或地点的费用；（2）与进口货物运输到进口港口或地点有关的装卸费和手续费。

《WTO 估价协议》之所以这样规定，主要是由于各个国家在运费是否计入完税价格问题上意见和习惯做法不一致。欧盟、我国和绝大部分发展国家中一般将运费计入完税价格，美国、加拿大等则将运费排除在外。

我国的这一规定首先体现在现行《海关法》第 55 条第 2 款："进口货物的完税价格包括货物的货价、货物运抵中华人民共和国境内（似乎是立法上的一个失误，应为"关境内"）输入地点起卸前的运输及其相关费用、保险费；出口货物的完税价格包括货物的货价、货物运抵中华人民共和国境内输出地点转载前的运输及其相关费用、保险费，但是其中包含的出口关税税额，应当予以扣除。"

《审价办法》对这一规定进一步细化，规定在审定运费及各类相关费用是否应计入进口货物的完税价格时，应考虑两层含义：一是该费用与运输相关；二是该费用应计算至运抵进口港或进口地之前。即应纳入完税价格的运费应该为广义运费，包括基本运价和附加费（包括码头、燃油附加、货币贬值等其他费用）。

现行《海关法》的这一规定不是一个新的创造，早在 1951 年的《中华人民共和国暂行海关法》第 115 条明确规定，"从价纳进口税的货物应以到岸价格作为完税价格。所称到岸价格，系指货物在采购地的正常批发价格、出口税、运抵我国输入地点起卸前的包装费、运费、保险费、手续费等一切费用，经海关审查确定者。"从三个版本的《海关法》、两个版本的《关税条例》直至海关总署 33 号令、95 号令、148 号令中能够发现：这一规定是一脉相承的。

我国上述规定貌似详尽，但在具体操作上仍存在一些问题，很多海关在估价实践中面临困难抉择。

这些困难有的是运费本身决定的，如运费结算方式存在滞后性问题。目前货主与货运公司（或货代）主要有两种结算方式：一是与国外货运公司直接结算。企业与国外货代公司签订货运合同，进口时自行委托报关，并在一定时间后与货代公司按运费发票结算。二是完全委托给国内的货代公司操作，定期与货代公司按人民币结算。

两种结算方式的实际结算时间与进口货物申报时间相比，都存在滞后性。一般货代公司给进口企业的报价仅为基本运费，运单上也仅列明基本运费，燃油等附加费用按实际发生计算。进口企业在进口申报时，只能根据运单上的基本运费进行申报，经过一段时间之后，才根据货代公司提供的结算发票，计算实际发生的燃油等附加费用，客观上造成企业不能在进口时准确申报燃油等附加费用。

再如国际运输方式的复杂性导致的审价困难，尤其是国际多式联运的出现，将多种运输方式串联起来，费用五花八门，复杂的情况给海关运费审价带来新挑战。企业申报的运费是否囊括了所有应税项，这些费用是怎么产生的，哪些费用与运输有关需要计入完税价格，哪些费用与运输无关需要从完税价格中扣除等，都不是几个人翻翻有限的几张材料就能了解的。

当然，问题最主要还是来自立法本身。主要有：

（1）《审价办法》第 38 条规定："进口货物的运费，应当按照实际支付的费用计算。如果进口货物的运费无法确定的，海关应当按照该货物的实际运输成本或者该货物进口同期运输行业公布的运费率（额）计算运费。"

其中什么叫"实际支付的费用"？什么叫"进口货物的运费无法确定"？是不是所有实际支付的费用都需要计入完税价格？

"无法确定"有无确切的适用条件？如何避免个别海关将其当成一个口袋，将一切不能审价甚至不能方便审价的情况简单地认定为"无法确定"？

实际支付的费用的确定主要涉及如何看待货主与运输公司存在特殊关系的问题。如果货主与运输公司存在特殊关系，海关对于企业申报的较低的运费发票应如何认定？有的海关完全接受企业的申报，有的海关认为如果存在特殊关系就认定"运费无法确定"，应当对运费进行调整。当然，如果上述条款规定为"进口货物的运费应按照实际或应该支付的费用计算"，这一问题则不会存在，海关会利用这一尚方宝剑任意取舍予夺，但问题是，法律并未规定在运费领域引入"特殊关系"概念，作为执法者的具体海关关员更是无权在执行中作扩大解释。

需要说明的是：《审价办法》与先前的 95 号令在这个问题上是不一样的。95 号令第 25 条规定："陆运、空运和海运进口货物的运费，应当按照实际支付的费用计算。如果进口货物的运费无法确定或未实际发生，海关应当按照该货物进口同期运输行业公布的运费率（额）计算。"这里主要区别是"运费未实际发生"，根据《审价办法》，如果某票货物的运输的确未发生运费，不管运输公司是什么原因，则这票货物的完税价格中不能再增加任何实际或想象中的运费。

（2）《关税条例》第 18 条规定："进口货物的完税价格由海关以符合本条第三款所列条件的成交价格以及该货物运抵中华人民共和国境内输入地点起卸前的运输及其相关费用、保险费为基础审查确定。"其中出现了"起卸"一词。起卸一词主要运用于海洋运输，指把船上的货物搬运上岸的过程。由于国际货物运输方式的多样性，有的运输不可能存在符合字面含义的起卸，如管道运输。又如铁路运输，货物入境后，通过更换机车（火车头）的方式将货物进行分运。这是否算做起卸？有人认为货物没有进行起卸行为，更换机车后发生的运费应该计入完税价格；有人则认为，该种情况货物虽然没有经过形式上的起卸，但是该批货物通过了更换动力装置的方式达到了转运的目的，是一种实质上的起卸，更换动力装置后的运输属于国内运输，相关运费不应该计入完税价格。

起卸一词应如何准确界定，至今仍困扰着海关审价。

三、关于滞期费

2009 年以来，对于广大进出口企业来讲，滞期费成了一个大问题。就在此文写作前半小时，笔者接到一个咨询电话，又是关于滞期费补税的问题，涉及税款 596 万元，数额很高，但在全国为数众多滞期费案件中并不算很高，据笔者了解，滞期费补税个案最高达 2200 万元，主要是因为日积月累终成一个惊人数字。

案件出现后，很多企业第一个反应是难以接受：从事进出口这么多年来，从来没有出现过滞期费需要补税的情事。海关突然开始征税，其法理依据是什么？再退一步，其法律依据是什么？也就是说：海关制定了哪个文件并对社会进行了公告？似乎找不到。企业支付了滞期费，本来经济上就受了损失，税款的征收更是雪上加霜。有人孤立地看这个问题：滞期费是大头，滞期费涉及税款只不过是很小的一部分，大头都支付了，何必为小头大惊小怪？打个比方：烤鸭都买了，何必在乎那几个葱钱？

这个说法是不对的。每票滞期费涉及税款数额不高，但三年

上千票滞期费涉及税款呢？可能会有几百万元、几千万元。这个
数目即使对于那些超大企业来讲也不是小数，也会极大地影响企
业的正常经营布局，对于还有向社会公告义务的上市公司来讲更
是让人头疼。

　　这里利用一些篇幅简单讲一下滞期费（及速遣费），希望对
读者有所裨益。

（一）滞期费（Liner Demurrages），即"班轮滞期费"

　　滞期费的出现，主要取决于航次租船的特殊性，在航次租船
中，航程阶段很显然由船东来履行，这对船东而言是一项绝对的
合同义务。并且由于整个运输阶段完全是在出租人自己控制的范
围之内的，因此，该阶段所有风险，包括时间损失的风险也毫无
疑问地落在了船东身上。然而，在装卸作业期间的情况则完全不
同，它取决于出租、承租双方相互间的合作，并且该阶段在很大
程度上受承租人的影响。要想及时完成装卸，离不开承租人的配
合，如及时供货，指定装卸泊位等。此外，现在大多数租约都规
定了"Free In and Out"，也就是船东不负责装卸。这样，装卸作
业几乎完全处于承租人的掌控之下。面对此种情形，如果仍然要
求出租人来承担装卸作业期间的时间风险，对出租人来讲也是十
分不公平的。因此，为了转嫁装卸两港的时间风险，出租人通常
会在租约中订立一个"滞期费条款"（Demurrage Clause），规定
承租人在装货港或卸货港有一段"可用的装卸时间"（Laydays）。
当实际"装卸时间"（Laytime）超出可用装卸时间时，即称为
"船舶滞期"（On Demurrage），承租人要按规定的"滞期费率"
（Demurrage rate）向出租人支付"滞期费"（Demurrage）。与此相
反，如果租船人在规定的时间内提前完成了装卸，缩短了船舶的

使用周期，船东应返还租船人一定款项，称为速遣费（Despatch Money）。

滞期费的概念最早出现于 1980 年波罗的海航运公会（BIM-CO）、国际海事委员会（CMI）、船舶经纪人和代理人联合会（FONASBA）以及英国航运总会（GCBC）四大航运组织联名发表的《租船合同装卸时间定义》，对滞期费定义为："滞期费是指装卸时间届满后，对于非出租人原因产生的装卸迟延应付给出租人的款项。"1993 年《航次租船合同装卸时间解释规则》对其进一步补充："滞期费是指装卸时间届满后，因船舶在装货和/或卸货中遭受非船舶所有人应负责的延误而向其支付的约定金额的款项，滞期费不受装卸时间除外条款的约束。"

我国《海商法》第 98 条规定："航次租船合同的装货、卸货期限及其计算办法，超过装货、卸货期限后的滞期费和提前完成装货、卸货的速遣费，由双方约定。"由此可见，"滞期/速遣费"并不是一个固定运杂费项目，而是承租船双方签订合同时自主添加的附加条款，如没有事先约定就不会产生此种费用。

（二）一般滞期费产生的原因

（1）人为因素影响。如：发货人备货进度发生问题，受载船舶按时到达指定装港却无货可装，若等泊的时间超过了合同允许的装卸时间，船东就会向租船人收取滞期费。再如：发货人或收货人的报关延误或其他文件上的原因导致船舶等待，直到延误原因消失才能进港或出港，由此产生的船期损失船方也必然要向租船人索赔。

（2）罢工、天气不良等不可抗力因素导致港口拥挤产生时间损失。如，港口连续出现大雾天气，能见度极差，船舶在码头装载完货后不能出港或重载船舶到港后无法靠泊，即使由引水员引航，也需排队等候，从而造成船舶滞期而产生滞期费。

（3）港口的装卸效率因素影响。如，一些发展中国家的港口没有较好的装卸设备，装卸效率低下，导致装卸作业耗时超过了租约上订立的装卸时间，从而会产生滞期费。还有在转运的情况下，由于转运港的装卸效率不高，也会导致滞期。由此产生的滞期费，就需要看租约上的装卸时间是如何厘定的，如果是 CQD（码头习惯快速装卸）的情况，船期损失由船东承担，其他情况则要租船人来承担。

滞期费产生的理由还有很多，如安全港问题也时常引发船舶滞期，因船东扣货而产生船期损失等。

（三）各国对滞期费性质的认定

关于滞期费的性质问题，各国法律对此都持有不同的观点。

英国法认为，"滞期费严格意义上是指承租人对于超出规定的或合理的装船或卸货时间的延误，同意支付的一笔约定赔偿金"。也就是说，当事人在合同中约定一个违约赔偿金额，不论违约所造成的实际损失是高于还是低于此金额，都以此金额进行赔偿，即将滞期费视为一种损失赔偿。这就与罚金的性质完全不同，罚金并不是作为一种损害赔偿，而是对于违约方的一种惩罚。此外，英国 19 世纪末还有人认为滞期时间是需要付钱的装卸时间，即把滞期视作装卸时间的一个部分。

德国《商法》第 567 条第 4 款规定："在装卸期间，如无相反之约定，不得请求特别报酬。反之，租船人对于装载超过装卸期间的，应给予海上运送人以报酬。"由此可见，德国法是把滞期费视作一种特别报酬。

法国 1966 年《海上运输法》第 11 条明确规定，滞期费为追加运费/补充运费，该项追加运费的计算以合同费率为基础。

我国海关立法并未直接对滞期费的性质及处理作出规定。如《海关法》第 55 条的规定："进口货物的完税价格包括货物的货价、货物运抵中华人民共和国境内输入地点起卸前的运输费及其相关费用、保险费。"《关税条例》、《审价办法》等下位法也作了类似规定。但滞期费是否属于"运输及相关费用"法律并未明确。各地海关在实际操作中也不一致，主要有两个观点：

（1）滞期费不应计入完税价格。

理由：滞期费是一种"罚金"性质，不应计入完税价格。另外，在卸货港发生的滞期时间除了包含船舶进港等待的时间，还包括卸货作业期间的时间，这部分属于运抵中华人民共和国境内输入地点起卸后的相关费用，不应计入完税价格。另外，由于企业报关时货物还未起卸完成，具体滞期时间和滞期费还未认定和结算，造成难以申报该笔费用。

（2）滞期费应计入完税价格。

理由：滞期费属于运费及其相关费用。由于滞期费的目的在于弥补船东无法利用船舶所致的营运损失，是"约定赔偿金"的性质，在合同中有明确规定，在国际贸易合同中也较为常见，应等同于附加的运费。

上述不同意见的焦点在于如何认定滞期费的两个核心：一是滞期费是否属运费及其相关费用，二是如果滞期费属运费及其相关费用的一部分，那是否是进口货物起卸前运费的一部分。

2009 年海关总署内部下发了一个文件，认为：根据《审价办法》第 5 条的规定，进口货物的完税价格，由海关以该货物的成交价格为基础审查确定，并应当包括货物运抵中华人民共和国境内输入地点起卸前的运输及其相关费用、保险费。滞期费、速遣费作为运输相关费用，如经海关审核能够认定的，应对完税价格作相应的增减。

这个文件虽然是内部文件，不对企业公告，也没有法律效力，不能成为公开执法的依据，但由于其表述清楚，意见明确，争议至少在海关内部戛然而止，目前海关在涉及滞期费问题上全部依照这个内部文件的要求操作。但外部的质疑并未停止，近期笔者接触到了两个案件都反映出企业的一个观点：船舶在装货港、卸货港及中转港都有可能产生"滞期/速遣费"，但依据《审价办法》第5条，能计入完税价格的运输及其相关费用必须是在运抵我国输入地点起卸前产生的。这里又涉及起卸的定义的问题：若将起卸定义为一个时点，则卸货港发生滞期或速遣时，船舶抵达了我国境内的输入地点，并且已经开始卸货，这部分费用不属于起卸前产生的，不应计入完税价格；若将起卸视为一个过程，货物卸货操作全部完成后才算起卸完毕，则卸货港的"滞期/速遣费"属于起卸前产生的，应计入完税价格。

其中一个案件还涉及这样一个问题：企业同时存在滞期费和速遣费，企业不根据单笔费用结算，而是在一段时间内根据速遣费与滞期费相互冲抵的余额对外结算。在海关稽查时，拟将滞期费予以单独考虑并追征税款，而企业认为应首先相互冲抵，余额再补缴税款。

笔者认为：海关稽查的意见值得商榷。单独对滞期费征税而不考虑速遣费的做法显然不符合海关总署2009年内部文件的规定，也不符合基本法理。

简单总结一下，我国大多数进口企业的国际贸易合同成交方式为 CFR 或 CIF，依国际贸易惯例，在 CIF 条款下，外商负责租船以及保险，但无论 CIF 价格如何确定，滞期费都不包括在货价中。但企业在合同中规定：在实际卸货时间超出合同允许的时间后，卸货港发生的船舶滞期费由购货方承担。企业在货物进口时，因在 CIF 成交方式下无需申报运费，对于后来发生的应由企业承担的滞期费，大部分企业没有向海关主动申报。很多案件都是由海关稽查发现（甚至是缉私部门）的，平添许多麻烦。

建议企业可以如下方式应对：（1）完善合同中的滞期/速遣条款，最大限度地避免无谓的税款损失。具体写法见仁见智，笔者不再详细举例。（2）对滞期费和速遣费同时作账务处理，力求得到海关对冲抵做法的理解。（3）的确发生在起卸前的滞期费，且无抗辩理由的，及早主动申报缴税，对于一个正规进出口企业来讲，以侥幸心理贪图小利不可取。

最后利用一点篇幅评价以下我国进口货物完税价格的税基——CIF。我国几十年来一直采用将运费涵盖在完税价格里的 CIF 而不是排除运费的 FOB，权威部门并未给出一个正式的理由，但原因是显而易见的：CIF 比 FOB 基数要高，随之税款也就比较多。这样的考虑在新中国成立初期、困难时期、改革开放初期、中期等都是合情合理的，中央财政需要关税的有力支持，况且 CIF 并不违反 WTO 的估价规定，更何况欧洲那么多国家也是这么干的（欧盟的关税税率多少？我国即使是大幅度降低后的关税税率多少？两者根本无法比较）。但是到了目前阶段，中央财政对关税贡献的依赖度已经大大减少，我们的巨额外汇储备也为国民经济的发展夯实了基础，再从小小的运费之中分一杯羹似乎已无必要。目前在我国从事国际运输的公司绝大部分为国内企业，如中远、东方海外船公司、中海集等，对于一个国家来讲，从一个口袋中掏钱放到另一个口袋并无实际的经济意义。从完税价格中剔除运费可以降低这些运输公司运营成本，提高吸引力，从而在国际运输市场上与马士基、地中海船运、商船三井等世界大型船公司有力竞争。

第 ⑩ ④ 章

举证责任

举证责任也叫证明责任，是西方国家的舶来品，英文名称是"Burden of Proof"，是在诉讼中最常使用的术语。它的含义是在诉讼中对自己提出的主张加以证明的责任，否则将有可能承担审判机关否定其主张的不利后果（举证责任的定义不仅这一个，学者们对什么叫举证责任脸红脖子粗地争了好多年了，引经据典一啰唆就是好几万字，比孔乙己写"茴"字可厉害多了。笔者可没精力研究这个，读者也耽搁不起，随便选一个，好在大家心里都明白）。

一、在海关估价程序中的举证责任

海关估价具体分为三个阶段：价格质疑、价格磋商、估价告知。

（一）价格质疑

价格质疑的依据是《审价办法》第 48 条的规定："海关对申报价格的真实性、准确性有疑问时，或者认为买卖双方之间的特殊关系影响成交价格时，应当制发《价格质疑通知书》，将质疑的理由书面告知纳税义务人或者其代理人，纳税义务人或者其代理人应当自收到《价格质疑通知书》之日起 5 个工作日内，以书面形式提供相关资料或者其他证据，证明其申报价格真实、准确或者双方之间的特殊关系未影响成交价格。"

这个规定并没有详细说明海关在什么情况下可以启动质疑程序。在海关内部实行的《进口货物审价工作规程》第 16 条规定：海关启动价格质疑程序，须有以下情形：（1）对申报单证审查未发现异常，但申报价格明显低于价格风险参数或者海关掌握的相同或者类似货物成交价格或者国际市场行情的；（2）买卖双方存在特殊关系，且可能影响成交价格的；（3）对申报价格的真实性、准确性有疑问的其他情形：①对申报单证审查过程中，发现单证的相关内容不一致；②交易情况与贸易实际行业惯例不符；③申报的成交价格可能不真实、不准确、不完整的其他情形。

在此阶段，海关需要承担的举证责任是海关有证据证明企业的申报符合上述情形之一。这个举证责任的法理基础如下：企业依法向海关申报进口并如实提供了完整的与进口货物有关的单证材料，价格资料表面无瑕疵，应该推定企业申报的价格就是成交价格。海关怀疑这一价格，就应该举证自己为什么怀疑，并以书面形式详细告知企业。

企业需承担的举证责任为提供基本资料证明申报价格就是成交价格，特别是针对海关质疑的理由，一一予以说明。在实际通关中，大部分企业在面临海关质疑的时候都积极与海关联系，并提供相应的资料进行说明。比如海关认为企业申报的价格低于国际行情，从严格意义上看，海关的这个理由根本不是理由，中国是 WTO 成员方，中国的海关也不再使用"正常价格"这个说法，企业的某票货物的成交价格低于国际行情又怎么样？买卖双方愿意以这样的价格成交，这个价格就是合法的。但绝大多数企业还是非常认真地去回答海关这个质疑，最常见的理由如买卖双方是长期合作关系，卖方给予了买方适度优惠；货物品质不高，与正品或优良品价格略有出入等。需要注意的是，向海关说明这样的理由一定要使用法定的形式，符合法律的要求，具体有：（1）书面的说明，加盖公章；（2）外方的说明，加盖印章或签字，同时经公证机关公证、大使馆或领事馆认证。（3）如果有条件，提供其他类似企业进口类似货物使用类似价格成功通关的案例。

个别企业在面对海关质疑的时候采取了不予理睬的态度。不予理睬从某种角度反倒证明了企业申报价格的真实性：我的真实的申报被怀疑，这即使不是对我们企业名誉的侮辱，也是无事生非。

但这种做法不可取。在商言商，企业存在的主要意义在于挣钱而不是斗气，提供相应的证据对企业百利而无一害。海关接受了，怀疑解除，货物顺利通关；即使海关不接受，企业提供的证据也不会成为加重自己责任的砝码。

（二）价格磋商

根据《审价办法》的规定，价格磋商是指海关在使用成交价格以外的估价方法时，在保守商业秘密的基础上，与进出口商彼此之间交换各自掌握的用于确定完税价格的数据资料的行为。

价格磋商有一个前提，就是在价格质疑阶段，当企业对海关的质疑理由一一举证答复之后，海关仍然有理由不相信企业的申报，这里的"仍然有理由"很值得研究。既然海关仍然有理由，那么海关就需要说明有哪些理由，哪些证据，也就是说举证责任在海关。这个理由是怎么推翻了企业的申报价格，接着又推翻企业随后提供的说明的呢？因为在上段我们说到：企业针对海关的质疑一一作了说明，如买卖双方是长期合作伙伴，价格给予了适度优惠，这应当是个合法恰当的理由，在很多时候也符合贸易实际，那么海关如何推翻这个说法？我们可以作一个推测：海关可以通过到出口国调取出口商的详细贸易资料，发现出口商给其他长期合作伙伴的价格远远高于给中国进口商的价格；或者海关发现进口商与出口商还有其他交易，这些交易与本次交易有着千丝万缕的关系，一些明显不合常规的费用从进口商支付给出口商等。海关如果能够获取这些证据是能够推翻企业的申辩的，随后的估价也是无懈可击的。如果没有获取呢？或者干脆就没有任何新的证据，还是老调重弹：申报价格低于市场行情？

关于价格磋商我们在上本书《企业如何应对海关行政处罚》中有过介绍，但这个阶段的举证责任尚未叙述。根据《审价办法》的要求，海关和进出口商在这个阶段都有举证责任，责任的内容也基本是相同的，即向对方提供自己掌握的关于进口货物的价格资料。

如果说在价格质疑阶段企业举证的主要目的是否定海关的估价的话，在价格磋商阶段的举证主要目的则退而求其次，即在海关估价不可避免的情况下建议海关选用对自己最为有利的估价方法。有的企业认为，我反对的是估价，所以我全部的精力都用在推翻海关估价上，"退而求其次"有什么意义？会不会给人家一个错觉，以为企业认可了海关估价？

这种想法可以理解，但不可取。海关估价是个法律游戏，有着其特有的规则，有效地利用规则维护自己的利益是游戏中的首要目标。把所有的希望都寄托在全胜上而不考虑任何退路或者壮士断腕的可能，显然不是成熟理智的做法。被海关估价的企业本身就处于弱势，经验、人力、资料、大环境都不如对方，维权不成的可能性极大，退而求其次能为企业提供一次减少损失的机会。

既积极参加磋商，又不想给人以投降假象的一个办法就是在价格磋商记录单上详细注明，参加了磋商，提供了资料，但认为自己的申报真实可靠，不接受海关估价，保留用法律手段维权的权利。

（三）估价告知

根据《审价办法》第55条的规定，海关审查确定进出口货物的完税价格后，纳税义务人可以提出书面申请，要求海关就如何确定其进出口货物的完税价格作出书面说明。海关应当根据要求出具《估价告知书》，告知当事人确定进出口货物的完税价格的方法等。但《审价办法》仅规定海关在当事人书面申请的情况下出具《估价告知书》，并没有规定如果纳税义务人未书面申请的话，海关是否该出具。

正如前文我们曾经提到的，海关的《估价告知书》应该在什么时间出具？从字面含义上讲，是在海关开具了税单，正式要求当事人缴纳税款之后。如果是这样，此时告知还有什么实际意义？当事人的申辩权利如何保障？当事人如果在此阶段针对《估价告知书》，举证证明自己的申报符合成交价格条件，海关是否接受？无论立法的字面含义怎么理解，这个规定在实际中的后果就是：在此阶段当事人不能举证。

二、在估价行政诉讼中双方的举证责任

因海关估价而提起的行政诉讼，审查的仍然是海关估价中双方的是与非，法院以第三方的角度审查价格质疑、价格磋商、估价告知等阶段的实体和程序的合法性以及在必要情况下的合理性。因为审查，所以也涉及举证责任问题，即在推演叙述过去的估价程序以及程序的合法与否时，谁承担举证责任去证明自己的叙述属实，自己的定性正确。这个问题的主要依据是《中华人民

共和国行政诉讼法》（以下简称《行政诉讼法》）以及配套的司法解释，集中讲述举证责任的则是最高人民法院颁布的《关于行政诉讼证据若干问题的规定》（以下简称《行政诉讼证据规定》）。

（一）举证规则之一：被告承担举证责任

依据《行政诉讼法》第32条以及最高人民法院《关于执行〈中华人民共和国行政诉讼法〉若干问题的解释》第26条的规定，在行政诉讼中，被告对其作出的具体行政行为承担举证责任。作为被告的海关将对其作出的具体行政行为承担举证责任。若被告不提供证据、依据或者无正当理由逾期提供的，应当认定该具体行政行为没有证据、依据，法院可以判决撤销海关估价行为或者判定海关估价行为违法。

这一规则在学术上被称做"举证责任倒置"，关于这个规则很多行政法著作中都有详细论述，笔者在读研究生期间也曾洋洋洒洒著文上万字进行论述。但读者不需做太深了解，什么罗马法如何规定、德国法如何规定、美国判例如何规定并不重要，只要知道基本的含义和操作思路就够了。

（二）举证规则二：原告承担部分举证责任

根据最高人民法院《关于执行〈中华人民共和国行政诉讼法〉若干问题的解释》第27条的规定，原告对下列事项承担举证责任：（1）证明起诉符合法定条件，但被告认为原告起诉超过起诉期限的除外；（2）在起诉被告不作为的案件中，证明其提出申请的事实；（3）在一并提起的行政赔偿诉讼中，证明因受被诉行为侵害而造成损失的事实；（4）其他应当由原告承担举证责任的事项。

根据上述规定，对于海关估价行政诉讼而言，当事人只需向法院证明海关的确对自己进出口货物进行了估价就可以了。具体的证据包括进出口资料（合同、发票、仓单、运输合同、提单、报关单等）、海关制发的《价格质疑通知书》、《海关价格磋商通知书》和《估价告知书》等。

（三）举证规则三：被告在行政程序中无故不提交的证据在行政诉讼程序中不得提交

这一规则的依据是《行政诉讼证据规定》第59条的规定：被告在行政程序中依照法定程序要求原告提出证据，原告依法应当提供而拒不提供，在诉讼程序中提供的证据，人民法院一般不予采纳。

这一规则在具体的行政诉讼中经常被被告拿来打击原告，有的案件中原告由于缺乏准备一时弄得张口结舌。其实这一规则有几个限定：被告依照法定程序要求；原告依法应该提供。

以海关估价程序为例，哪些证据企业依法应该提供或者说必须提供？海关在《价格质疑通知书》中一般有明确要求，即前文罗列过的合同、发票、付汇证明、仓单、运输合同等，这些材料是企业从事进出口贸易所必需的，提供出来也没什么大的难度，在实际操作中几乎所有的企业也按照要求提供了，也就是说：完整地履行了法律规定的义务。海关不能利用这个规则无限扩大材料范围，使用"其他所有能够证明真实价格的材料"的说法。在事后的行政诉讼中，一旦企业向法庭提供新的证据，海关就可以以此作为挡箭牌，声称"已经要求企业提供了所有材料，但企业在估价过程中没有提供"，并要求根据这一规则否定企业新的证据。

（四）举证规则四：原告有权举证证明行政机关的具体行政行为违法

根据《行政诉讼证据规定》的规定，原告可以提供证据证明被诉具体行政行为违法或不当。原告提供的证据不成立的，不免除行政机关作为被告对被诉具体行政行为合法性的举证责任。

通俗地理解这一规则就是：行政机关在行政诉讼中正为证明具体行政行为合法性而辛苦举证、疲于应付的时候，原告企业落井下石，再从反面提出证据证明行政机关行为违法。也就是说：原告在诉讼中不是坐等，而是积极反击。

在具体的估价诉讼中笔者曾提交的反击证据主要是企业经过多方努力调取的进出口货物的价格行情，把涉案货物近几年的价格画了一条坐标轴，以曲线的方式详细反映出来，证明企业的申报价格在价格的变化区间之内，是合理的，不应该被估价。还有几次笔者提交了出口商出具的说明，证明同期向其他长期合作伙伴的销售价格，用以说明国内的这次采购在价格上并没有得到特别照顾。这些证据在实际使用上效果都很好，当然，获取这些证据事先费了很多的精力和经济成本。

三、估价程序中举证责任的漏洞和问题

1. 对当事人举证责任不合理的限制

在海关估价过程中，由于某种客观原因，证明成交价格的证据可能缺失。在这种情况下，海关是否应该认定进口商未尽到举

证责任而否定其申报价格？一般情况下，导致证据缺失的客观原因主要是不可抗力和商业习惯。不可抗力指由于不可预见、无法避免、不能克服客观原因，如地震、海啸、洪水、军事政变等导致的证据损毁灭失等情况。商业习惯所导致的证据缺失相对复杂。例如，交易双方在交易过程中没有签订书面合同，这在《联合国国际货物销售合同公约》和我国现行的《合同法》中都是允许的，双方可能通过电子邮件、聊天记录甚至电话洽谈就确定了这笔交易，那么如果海关要求企业提交合同，企业如何应对？

对这两种情况，比较公平的做法是：对不可抗力，只要当事人能够证明此不可抗力存在，且影响到了企业举证责任的履行，海关就不应该认为企业举证不能而武断估价；对商业习惯，应该给予企业适当的时间采取其他形式予以补正，提交能够说明情况的说明。

2.《关税条例》自相矛盾

关税条例

第十八条 ……

进口货物的成交价格应当符合下列条件：

（一）对买方处置或者使用该货物不予限制，但法律、行政法规规定实施的限制、对货物转售地域的限制和对货物价格无实质性影响的限制除外；

（二）该货物的成交价格没有因搭售或者其他因素的影响而无法确定；

（三）卖方不得从买方直接或者间接获得因该货物进口后转售、处置或者使用而产生的任何收益，或者虽有收益但能够按照

本条例第十九条、第二十条的规定进行调整;

(四) 买卖双方没有特殊关系,或者虽有特殊关系但未对成交价格产生影响。

······

第三十四条 ······

纳税义务人在规定的期限内未作说明、未提供有关资料的,或者海关仍有理由怀疑申报价格的真实性和准确性的,海关可以不接受纳税义务人申报的价格,并按照本条例第三章的规定估定完税价格。

从举证责任的角度看,海关在适用《关税条例》第18条第3款时,海关要承担证明责任,证明相对人申报的成交价格不符合规定条件。如果不能证明,则应当予以认可。

但《关税条例》第34条又规定,当海关怀疑申报的价格的真实性,当事人又不能说明或海关仍怀疑的,可以不接受申报价格。从举证责任角度看,申报价格是否真实的证明责任在相对人。

这两条规定表面貌似涉及两种不同情况,但由于第34条将证明申报价格真实性的责任赋加给了相对人,则使得这两条规定在实际适用时变成了一条规定,且将适用范围扩大。因为海关是否接受申报价格一般均以海关掌握的参考价格为标准。如果海关对申报价格不接受,则不须证明其不符合第18条的规定,只要引用第34条,就轻松地将本应由自己承担的证明责任转嫁给了相对人。有些价格尽管与参考价格不符,但确实是成交价格,依据第18条规定,海关若不能证明其不符合成交价格的条件,就应接受;而由于有了第34条,第18条成了一纸空文,海关完全可以不予适用，相对人也无法引用第 18 条维护其权益。而如果申报价格与海关的参考价格一致，也不会引用第 18 条去认定其是否符合条件。而且，参考价格只是海关的一种可以作为理由的形式，本质上是海关的自由意志毫无约束，当海关想怀疑时就可运用第 34 条。

《关税条例》是行政法规，立法层次比较高。在《关税条例》拟定期间，很多海关法的专家都进行了反复的论证和研究，但为什么会出现这么明显的矛盾？笔者揣摩再三，认为也许是因为在这个立法过程中作为海关管理相对人的企业声音的缺失造成的，因为这个矛盾最大的得益者是作为管理方的海关，最大的受害者是广大进出口企业。令人惊奇的是，在这么多海关估价的行政复议和行政诉讼中，从没有任何一个案件涉及这个矛盾，主审法院也从未把这个问题上报国务院。

四、涉及原产地证明的举证责任

前几年曾发生一起行政复议案件：企业向海关申报进口，除了提交合同、发票等相关资料外，还提供了《中国一东盟自由贸易区优惠关税原产地证明》（以下简称《原产地证明》）。海关经过审查认为：企业申报的价格低于海关掌握的参考价格，决定予以估价。企业认为：自己的申报价格真实有效，各相关材料之间能够相互印证，应该被认定为成交价格。企业特别指出：《原产地证明》中已经列明了成交价格，海关应该接受。

海关对该《原产地证明》进行了核实，发现的确系出口国政府签发。

　　这起案件后来的具体结果不是我们探讨的重点，因为本章讲的是举证责任，我们就从举证责任角度谈谈此类案件中企业与海关的博弈。

　　原产地证明是用来证明货物来源地的凭证。在进出口通关环节，它主要的意义就在于适用税率的不同。例如根据《亚太经社会发展中成员国贸易谈判第一协定》（以下简称《曼谷协定》）的规定，我国对产于协定规定的一些经济不发达国家的货物施行特别关税政策。为确保这一优惠政策不被滥用，《曼谷协定》规定出口国政府对原产于本国的货物出具原产地证明，作为进口国海关实施特别关税的依据。

　　尽管《原产地证明》上标注了成交价格，但有的海关仍不接受。理由是：原产地证明是证明原产地的，不是证明成交价格的。根据《原产地证明》出具的规则，出具的部门并没有审查成交价格。所以成交价格应由海关审查决定。

　　这个理由值得商榷。我们的意见是：既然《原产地证明》是由一国政府部门签发的，其效力毋庸置疑。《原产地证明》列举的各个条款的真实性在有明确证据推翻前应推定其合法有效。海关如果怀疑作为其中一项的成交价格的真伪，当然是可以的，但需要有确切的证据证实。也就是说：海关需承担举证责任。这个证据必须有较大的证明力，至少海关内部掌握的价格资料远远不够。

　　尤其需要关注的是原产地证明的另外一种情形。根据"中国－东盟原产地规则"中规则四第（二）、（三）项的规定以及《中华人民共和国海关关于执行〈中华人民共和国与东南亚国家联盟全面经济合作框架协议〉项下〈中国－东盟自由贸易区原产地规则〉的规定》第五条的规定，原产于非自由贸易区的材料、零件或者产物的总价值不超过所生产或者获得产品离岸价格的60%，并且最后生产工序在东盟国家境内完成的，也视为原产商品。由上述规定看，在非完全获得的情况下，离岸价格的大小或真实与否，对于确定商品的原产地具有关键意义。所以从这个角度来看，原产地证明中的成交价格是确定原产地的核心要素，是出口国签发原产地证书的主要核查内容。在此情况下，原产地证明中的成交价格有着强大的效力，进口国海关如果没有特别的完整、系统的新证据链去推翻它，就应该无条件地接受。事实上符合这么严苛的要求的新的证据在现实中几乎不存在。

第 ⑩⑤ 章

对海关估价法律文书的评点

中华人民共和国

_____海关价格质疑通知书

__关编号：_____

贵公司/单位于 ___ 年 __ 月 __ 日向海关申报的 _____（报关单号 _____），因为下列原因：

[ ]	货物的申报价格与海关掌握的价格存在差异；
[ ]	买卖双方存在特殊关系，并且可能对成交价格有影响；
[ ]	单证之间与价格有关的项目存在矛盾或者疑问；
[ ]	其他怀疑申报价格真实性或者准确性的理由。
详细 说明	

按照《中华人民共和国进出口关税条例》第三十四条规定，海关需对成交情况进行核实。请自收到本通知之日起 5 个工作日内提供下列单证资料，并协助我关进一步了解与进/出口货物成交价格相关的信息。若明确不能提供、逾期不提供资料、所提供的资料不足以证明申报价格的真实性或者准确性以及不足以证明买卖双方间的特殊关系对成交价格没有造成影响的，海关将依法另行估价。

□有关成交的书面情况说明（如提供价格偏低的理由、价格构成情况、交易各方作用）	
□中华人民共和国海关进口货物价格申报单	
□合同、协议或者订单	□业务函电
□厂商发票	□运费发票
□保险单	□信用证
□进口付汇核销单（付汇备案表）	□结付汇凭证
□会计账册	□国内销售单据
□商检证	□货物说明书
□其他有关单证：	

_____关（处）盖章 _____经办人（签字）： _____年__月__日

受送达人（签字）：_____ _____年__月__日

第一联：企业留存

中华人民共和国

_____海关价格磋商通知书

_关编号：_____

_____公司/单位：

经审核，海关不接受你公司/单位于_____年____月____日向海关申报的

_____（报关单号_____）的申报价格，拟重新估价。为保障进出

口货物纳税义务人的合法权益，根据《中华人民共和国进出口关税条例》第二十一

条、第二十七条规定，海关依法与你公司/单位进行价格磋商，请自收到本通知书之

日起 5 个工作日内至_____与海关进行磋商，磋商内容将成为海关的估价依

据。如在规定期限内不与海关进行磋商的，海关将根据海关掌握的资料审查确定进出

口货物的完税价格。

_____海关

受送达人（签字）：_____年____月____日

第一联：企业留存

中华人民共和国

海关价格磋商记录表

____关编号：_____

经审核，海关不接受申报价格，拟重新估价。为充分获取信息，依法审定货物的完税价格，保障进出口货物纳税义务人的合法权益，根据《中华人民共和国进出口关税条例》第二十一条、第二十七条规定，海关依法与你公司/单位进行价格磋商。磋商内容将成为海关的估价依据。如你公司/单位提供不实资料，将承担相应法律责任。

磋商地点	□			磋商时间	□
报关单编号	□			进/出口日期	□
商品名称	□				
纳税义务人情况					
姓名	□	性别	□	职务	□
身份证号码	□			联系电话	□
纳税义务人地址		□			
相同或者类似货物成交价格估价方法	纳税义务人能否提供该进/出口货物的相同或者类似货物的成交价格 能□　　　　　　　　　　　否□				
倒扣价格估价方法	纳税义务人能否提供该进口货物或者相同/类似货物在境内第一销售环节销售的价格 能□　　　　　　　　　　　否□ 纳税义务人能否提供与该进口货物同等级或者同种类货物在境内销售时通常的利润和一般费用 能□　　　　　　　　　　　否□				
计算价格估价方法	纳税义务人能否提供该进/出口货物的生产成本 能□　　　　　　　　　　　否□ 纳税义务人能否提供向境内销售与该进口货物同等级或者同种类货物通常的利润和一般费用或者在境内生产该出口货物的相同或者类似货物的利润和一般费用 能□　　　　　　　　　　　否□				
合理方法	纳税义务人能否提供进一步的信息 能□　　　　　　　　　　　否□				
纳税义务人提供的价格信息资料：					
海关所掌握的价格信息资料：					
价格磋商结果					
	海关经办人：（签名）		年　　月　　日		
	纳税义务人授权人：（签名）		年　　月　　日		

第一联：企业留存

中华人民共和国

_____海关估价告知书（样式）

__关编号：_____

经营单位：_____关估价告知书编号：

进出口岸	海关编号	申报日期
商品名称	商品编号	贸易方式
规格型号	原产国（地区）	
申报单价	成交方式	数量及单位
收（发）货单位	合同协议号	

海关根据《中华人民共和国海关审定进出口货物完税价格办法》以下简称《审价办法》_____的规定，不接受进/出口货物的申报价格；同时根据《审价办法》_____的规定，对所进/出口货物按照_____进行估价。

_____年_____月_____日（盖章）

　　海关估价的整个过程中会产生一系列的文书，主要有《海关账户查询书》、《价格质疑通知书》、《海关价格磋商通知书》（以下简称《价格磋商通知书》）、《海关价格磋商记录表》（以下简称《价格磋商记录表》）、《估价告知书》、《海关估价作业单》（成交价格法/非成交价格法）、《进/出口货物价格专业认定联系单》、《价格监控联系单》、《海关进/出口关税（增值税/消费税）专用缴款书》等。这些文书各自的内涵、性质、法律后果是什么？各自有什么异同？现行规定又有哪些令人疑惑且值得商榷的地方？企业应如何面对这些文书？本章主要解决这些问题。

　　在这些文书中，有的不是法律文书，如《海关估价作业书》、《进/出口货物价格专业认定联系单》、《价格监控联系单》等，这些文书仅仅是海关内部因职能划分导致的文件流转需要而产生的内部文件，不对外公布，不对企业产生任何直接的法律影响，所以本章不再赘述。有的虽属法律文书，对企业也产生直接法律影响，如《海关账户查询书》，但这个环节并无太大伸缩空间，企业的任何努力均对海关履行此法律文书的权力无太大影响，所以也不再赘述。让我们省下篇幅研究一下剩下的几个法律文书：《价格质疑通知书》、《价格磋商通知书》、《价格磋商记录表》、《估价告知书》、《海关进/出口关税（增值税/消费税）专用缴款书》。

一、《价格质疑通知书》

《价格质疑通知书》本身就有颇多值得被质疑的因素。

（1）格式简单。在不同的时间、不同的进出口企业、不同的货物、不同的原产地、不同的税率、不同的申报价格、不同的进出口口岸的情况下，所有海关都使用相同的《价格质疑通知书》，列举相同的格式条款。海关对质疑的理由采取列举的方式排列，对进口商也以列举的方式提出提交证据的要求，所有的理由和要求以打"√"的方式完成，丝毫不考虑个案的特殊性，将千差万别的进出口贸易人为、武断地放入几个依据自己标准扎好的大口袋。这种列举能不能真正地反映此次质疑的实际？进口商能否从几个"√"中获得足够的信息和提示？笔者从事法律工作二十多年来，接触过各个部门的各个层级的法律、法规、规章、办法、内部文件，像《价格质疑通知书》这样对当事人有着巨大影响却采用格式合同的方式的文书，还是比较少见的。其制定有何背景，出台有何考虑，格式合同的选择有何深意，这些笔者都无意深究，但从个案来讲，其给当事人造成的困惑和不便却是实实在在的。每次一开始面对《价格质疑通知书》，笔者都要组织一群律师和企业相关人员一起开会研究，将那张薄薄的纸片翻来翻去，恨不得发现夹层。

（2）内容的合法性值得商榷。质疑理由第一行：货物的申报价格与海关掌握的价格存在差异。这一行与下面的三行买卖双方存在特殊关系可能对成交价格有影响、单证与价格有关的项目存在矛盾或者疑问、其他原因都不同。其他三行一般都是需要当事人举证说明的，而第一行仅仅是申报价格与海关掌握价格有差异。在2002年前，这个理由的确是个理由，因为那时候海关审价依据的是"正常价格"，海关认为你的价格不正常，你就需要解释说明。但在2002年以后，尤其是2006年新修订的《审价办法》颁布之后，海关认定完税价格的依据是"成交价格"，也就是说无论你的价格多么"不正常"，但只要是贸易实际，是双方真实的意思表示，海关就应该接受。既然这样，仅仅出现了申报价格与海关内部掌握的价格不一致，海关为什么要质疑呢？

退一步讲，海关即使一定要质疑，也要详细说明企业的申报如何不真实，海关有哪些证据可以初步证明。海关要求企业对海关的质疑及其证据提出辩解以及相关证据，消除海关的怀疑，而不是不作任何调查，把举证的责任推给企业。

（3）《价格质疑通知书》要求企业在送达 5 个工作日内提供所有海关要求的资料，这个时间太短了。笔者在多起案件中都遇到这个困扰。尤其是有的资料和证据在国外，企业去国外取得了相关资料，还得依据最高人民法院关于国外证据取得的程序和标准的要求去公证，去大使馆认证盖章。往往一份资料和证据的取得即使中间没有任何差错都需要两个多星期，特殊情况呢？航班的问题、使领馆的问题、出口商的问题等，一个环节不顺利，整个取证就得往后拖。这个环节的这些部门，哪个是企业胆敢和能够催促、下命令的？

企业报关后海关审单的时限有多少个工作日？为什么要给企业这么短的时间去履行义务？

二、《价格磋商通知书》、《价格磋商记录表》

在拙著《企业如何应对海关行政处罚》中曾用了一定的篇幅阐述价格磋商，说明了价格磋商不是讨价还价。那么价格磋商究竟应该是什么？企业在价格磋商中应该如何维护自己的权益？本节将从剖析两个法律文书的角度进行说明。

（1）《价格磋商通知书》送达不规范。在有的场合，海关估价人员会电话通知企业，要求企业派人于某月某日到海关大楼某房间就某票货物估价问题进行磋商。企业应要求到了海关，海关人员会拿出一份《价格磋商通知书》，让企业人员签字，并要求将日期倒签到以前海关打电话的日期。很多企业不明白其中的区别，往往照做；有的虽明白之间的区别，因为种种原因，也被迫照做。但从法律角度看，企业有权按照真正的日期签字。倒签日期不仅侵害了自己的利益，也违反了法律的规定。

更有甚者，有的海关在电话里跟企业进行"磋商"，然后等企业应要求到海关后，海关让企业在《价格磋商通知书》和《价格磋商记录表》上同时签字，并倒签日期。因为价格磋商记录表上海关特意要求企业写上一行"同意海关估价"的字样，很多企业将《价格磋商记录表》称作"投降书"。

（2）格式条款。同上文讲到的《价格质疑通知书》一样，《价格磋商记录表》同样以格式条款罗列种种情况，企业能够做的就是划"√"。这哪里叫什么"商"？怎么看都像变相的讯问：海关提问，企业回答。

所谓"记录表"，顾名思义，就是过程的记述。什么时候，在什么地方，什么人，就什么事情，表达了什么观点，对对方的观点进行了什么样的反驳和申辩。结果哪些地方达成了一致，哪些地方仍有分歧。这样的记录未必就长篇大论，但至少只划几个"√"肯定说不清楚，记不完整。

（3）《价格磋商记录表》中要求"如果公司提供不实资料，将承担相应法律责任"。这种表述本身没有问题，对企业的要求也合理。但不能深究：如果企业真的提交了不实资料，企业应承担什么责任？海关依据什么规定去处理企业？怎么处理？是行政处罚、企业降级、还是追究刑事责任？至少笔者至今还没有找到海关能够依据的法律规定。如果真的没有这方面的规定，那么这句话意义何在？仅仅是吓唬企业吗？在这么严肃的法律文书上，出现一句仅仅吓唬的话是不是有点不严肃？

所谓价格磋商，正确的理解既不是讨价还价，就笔者在上本书中叙述的那样，也不是海关讯问有违法嫌疑的企业，而是海关与进出口双方交流各自有关进出口货物价格的信息。所以，海关的《价格磋商通知书》在格式设计和内容安排上更应该柔和、中性，不能一副居高临下的姿态，把通知当做一种恩赐，更不应该是一篇檄文，讨伐不听话的企业，直到你签"投降书"。依照笔者的理解，《价格磋商通知书》的内容应当完整、全面、清晰，将海关不接受相对人申报价格的理由告知相对人，并将海关掌握的可用于估价的价格资料也告知相对人，使其不必再徒耗时间寻找下位估价方法的价格资料，缩小搜集范围，这既方便了企业，也有利于提高海关执法的公信力。

关于"投降书"，笔者的意见是：价格磋商仅仅是一个为寻求符合法律规定的完税价格而举证和探究的过程，不以磋商双方达成一致意见为要件。企业在意见栏中无论是签注"同意海关估价"，还是"不同意海关估价"，都不影响价格磋商程序的完成。所以，如果企业不愿意违背自己的真实意愿去签注，这完全符合法律的规定。

（4）价格磋商之后不给企业任何维权时间。

在很多估价案件中，海关在价格磋商之后很短时间（有的仅间隔一两天，有的甚至就是磋商当天）就作出估价决定，开具税单。如果这期间企业发现了对自己有利的证据怎么办？是否还向估价部门提交，还是直接在行政复议时提交？这个问题在现实行政诉讼案件中已经被发现，并引起了法院的正式质疑。

三、《估价告知书》

在广州某企业诉某海关估价行政诉讼案中，《估价告知书》的性质、法律地位、制作时间等成为原被告双方的辩论焦点。企业主要意见是：（1）《估价告知书》没有告知当事人的陈述、申辩权。（2）《估价告知书》仅告知了当事人海关估价的方法，但没有明确告知海关具体估价的数额。（3）《估价告知书》制发的时间与海关制发税单的时间为同一天，没有实际保障当事人的陈述、申辩权。

海关的辩解是：（1）《估价告知书》是海关审查确定进出口货物完税价格后，应纳税义务人的申请就如何确定其进出口货物的完税价格所作出的书面说明，并不承载保障当事人的陈述、申辩的法律功能；（2）《估价告知书》不是海关估价的毕竟程序，而是依当事人申请所制发的一份书面说明，与《行政处罚告知单》性质不同；（3）《估价告知书》主要告知当事人海关确定进出口货物完税价格的方法，而不是具体估价数额。

虽然在这个案件中法院接受了海关的说法，但疑问并未到此为止。

（1）《估价告知书》还是《说明书》？

在我国行政机关行政执法过程中，经常会出现"告知"一类的法律文书，最为典型的就是《行政处罚告知单/书》，其主要内容是就行政机关拟对当事人采用的行政处罚的种类、数额（时间）、依据的事实、理由、违反的法律规定等，事先告知当事人，并告知当事人如果对上述内容任何一部分有异议，均可提出申辩、质疑，行政机关对当事人的申辩质疑进行研究评估后再给出正式的行政处罚。这一程序在海关行政处罚中也存在。

在众多告知千篇一律的情况下，《估价告知书》却鹤立鸡群，别具一格。从海关对《估价告知书》的理解来看，《估价告知书》本身无任何意义，仅仅是应企业要求出具的一份说明。那为什么偏偏打上"告知"的幌子？

（2）《估价告知书》制发时间令人迷惑。

在估价案件中，企业向海关提出要求海关出具《估价告知书》后，有的海关马上就出具，有的是在正式税单制发给企业后，《估价告知书》才姗姗来迟。究竟应该什么时间出具《估价告知书》？或者根本就没有硬性时间规定，一切由当事海关自由裁量？

《关税条例》第 35 条规定："海关审查确定进出口货物的完税价格后，纳税义务人可以以书面形式要求海关就如何确定其进出口货物的完税价格作出说明，海关应当向纳税义务人作出书面说明"。那么什么是海关确定了进出口货物完税价格的最直接证据呢？当然是税单。所以，按照海关的规定，《估价告知书》的制发应该在海关给企业出具税单之后。可是，税单都出具了，"告知"还有什么实际意义吗？海关在立法上设置这样一个没有实际意义的程序必要性何在？

（3）如果《估价告知书》仅仅是一个无实际意义的"说明"，那么在海关估价程序中对当事人权利的保障规定何在？企业以何种方式在何时对何部门行使自己的申辩权、陈述权和知情权？一个对当事人只有义务没有权利的程序是否符合行政法公开、公平、公正的理念？是否符合《WTO 估价协定》的精神？

四、《海关进/出口关税（增值税/消费税）专用缴款书》

《海关进/出口关税（增值税/消费税）专用缴款书》，俗称"税单"，是海关正式出具的一个法律文书，一经送达当事人，就产生法律效力，不经法定部门以法定程序撤销，效力一直存在。当事人如不履行该法律文书，将会遭受法律规定的相应制裁。

关于税单的疑问是和《估价告知书》联系在一起的。

税单和《估价告知书》是独立的两个法律文书还是互相从属？

从属主要是指《估价告知书》从属于税单。因为估价前期的一切程序（质疑、磋商、告知等）都是为了确定完税价格，而税单是完税价格的唯一有效体现。

然而《估价告知书》毕竟是海关出具的一种法律文书，应该有着本身的法律意义，完全从属于税单也不符合基本常识。

还有一个问题令人困扰：如果企业不服海关估价行为，向法院提起诉讼，法院应审查哪个法律文书？如果法院判决撤销代表海关估价决定的《估价告知书》，那么税单还有没有效力？是不是还需要企业再次就海关违法征税行为提起行政诉讼？再往后退一步，如果估价与征税是两个独立的行政行为，企业可以就海关估价单独提起诉讼，那么还是否适用"所有征税争议必须复议前置"的原则？也就是说，企业能不能单独就海关违法估价的行为直接提起行政诉讼？

关于提起行政复议或行政诉讼的时间也让人不解：如果企业

对海关的《估价告知书》不服，向上级海关提起行政复议或向人民法院提起行政诉讼，那么应该在哪个时间段内提出？根据《中华人民共和国行政复议法》的规定：当事人对行政机关作出的具体行政行为不服的，自知道行政机关作出具体行政行为之日起60日内向作出具体行政行为的上一级机关提出行政复议申请。根据海关的规定，《估价告知书》是依照企业的申请而出具的，而申请的期限海关却未限制。也就是说：无论税单什么时候开具，无论过了多长时间，企业都可以随时向海关提出告知申请，海关出具《估价告知书》以后，企业可以在法定时限内提起行政复议或行政诉讼。企业的这个做法似乎不合理，但却合法。